JN033236

精神障害と人権

社会のレジリエンスが試される

横藤田 誠［著］
Yokofujita Makoto

法律文化社

は　し　が　き

　精神疾患をもつ人は400万人を超え（人口の3.3％），そのうち30万人あまりが入院している（内閣府『令和元年版　障害者白書』2019年6月）。その精神障害者が関わる問題をめぐって，当事者は悩み，社会も迷いながら法をもって対処する。医療や障害者に関わる法制のなかで，精神障害者法制は特異な位置を占める。他の医療法制ではあり得ない，社会防衛を主たる目的とし，強制も厭わない医療への法的介入。身体障害者等への対応とは質的に異なるようにみえる，障害者の「人権」に無頓着な社会。特に，精神障害者の人権に関わる諸問題は，21世紀の現在においてなお，早急な解決が急務となっている。

　その背景に，精神障害者に対する社会の不正確な認識がある。精神障害者は「危険」だ。彼らは「病識」がなく，「判断能力」がない。だから，強制力を使ってでも「治療」し「保護」してあげるしかない……。多くの人にとって常識ともなっているこのような視線が，上記のような長年にわたる精神障害者への「異常」な対応の問題点の可視化を妨げ，悪意に基づかない人権侵害状況を永続化させてきた。

　法を作り・運用するのは社会のマジョリティである。精神障害者に関する問題への法的対応は，現代日本において，不利な立場にある人々に社会が何をしなければならないか，そのために法にできること・できないことは何か，を考える格好な素材であると考える。「私たち」（マジョリティ）とは質的に異なると思っている「彼ら」（マイノリティたる精神障害者）に関する問題に対して，どのような形で問題を発見し，どのような視線で解決策を探るのだろうか。

　本書では，精神障害者が関わる問題について，法，とりわけ人権の観点から分析・検討し，重大な社会問題に対する法的対応の意義とその限界を明らかにする。本書で取りあげるテーマは，一見すれば無機質的な法律問題に見えるかもしれない。しかし，ここで問われているのは，社会の側の「レジリエンス」（復元力）であるように私には思える。これを乗り越えたところに，強い人も弱

い人も当然に含む多種多様な人々が，人権を保障されながら共生する社会の姿が現れることを私は願っている。

　憲法学を専攻する私がこの問題に関わるようになったのは偶然というしかないきっかけだった。大学院生の時，アメリカ法に関する学会の判例研究会で数年前の連邦最高裁判所判決を報告する機会を与えられた[1]。どのような経緯でその判決が私に割り当てられたのかわからないが，私にとってそれは運命といってもよい出合いとなった。ポリオによって両足に障害のある私にとって，精神障害者や知的障害者の人権がほとんど無視される扱いをされていることは衝撃だった。当時の憲法学においてこのことがさほど問題視されていなかったことも，憲法に特別な思いをもつ私には信じたくない事実だった。それから数十年，私はこのテーマを研究者としての自身の重要な役割として取り組んできた。あまりにも遅い歩みではあるが，現時点の一応の成果として本書を世に問いたい。

　2016年7月に起こった神奈川県相模原市の障害者施設殺傷事件が衝撃的だったのは，重度障害者の生きる価値を否定する考えが声高に語られ，インターネット上などでその考えを支持するかのような声が少なくないことだった。加害者は「ヒトラーの思想が降りてきた」「障害者は不幸を作ることしかできません」という。人種や血筋や障害の有無や程度で人を選別し，命に優劣をつける「優生思想」に基づいて，ナチスドイツが多くの障害者を「安楽死」させた事実を思い起こさせる。「19人死亡」と数字でしか伝えられなかったことも含め，人権思想が根幹に据える「人間の尊厳」「個人の尊厳」は私たちの社会に十分に根付いていないとの思いを強くする。もちろん障害者が人の権利としての人権を享有することを公然と否定する人はいないだろう。しかし，憲法や人権条約が保障する人権が障害者の個人としての尊厳を保障するために実際に役立っているといえるだろうか。

　今回の事件の報を聞いて私がすぐに思い出したのは，その前年に訪れたアメリカ南部の旧奴隷市場博物館に大きく掲げられていた"Am I not a man?"（私は人間ではないの？）という言葉だ。人種・性に基づく差別が克服されてきたよ

うに，ただ「人間」であることのみに基づいて，障害者への差別や優生思想を
乗り越えることは，私たちの社会ならできるはずだ。

　本書が成るにあたり，多くの方々にお世話になった。

　畑博行先生（近畿大学名誉学長，広島大学名誉教授）には，学部 3 年生の時以来
今日に至るまで言葉に尽くせないほどのご厚情をいただいてきた。益々のご健
勝をお祈りしている。そのほか，広島公法研究会，関西アメリカ公法学会，法
と精神医療学会の諸先生から，数々のご教授を賜ったことに感謝の意を表した
い。

　広島大学大学院社会科学研究科法政システム専攻の同僚の諸先生には，刺激
的で快適な研究環境を与えていただいている。センター長を務める「広島医療
社会科学研究センター」が当初の使命を果たすべく努力を重ねていきたい。

　法律文化社の小西英央氏には，本書刊行にあたり筆舌に尽くしがたいご尽力
をいただいた。時には率直な意見・提言をくださるとともに，一貫して私を支
えてくださったことに感謝を申し上げたい。

　精神障害をもつ友人・知人の皆さんに本書がどのように受けとめられるか不
安な面もないわけではないが，率直なご意見・ご感想をお待ちしている。

　2019年11月3日（73回目の憲法公布の日に）

横藤田　誠

---

1)　横藤田誠「Youngberg v. Romeo, 457 U.S. 307 (1982) ──州立の精神衛生施設に収容さ
　れている精神薄弱者は，デュー・プロセス条項によって保障される安全の権利および身体
　的拘束からの自由に関連する限りで，治療を受ける権利を有する」アメリカ法［1984-1］
　135-140頁。

目　　次

はしがき

第 I 部　精神障害者と人権

第 II 部　精神障害と社会の諸相

第 I 部　精神障害者と人権

第1章

精神障害者問題に対する社会の視線[1]

　精神障害者に対して，人々は他の障害者や子ども，女性，感染症患者等の「不利な立場にある人々」に対するのとは異なる視線を送っている。それは，同情というよりも恐怖心をもって，理性を備える個人というよりも判断能力をもたない人と捉えているように思える。だからこそ，他の医療・福祉法制ではありえない，「社会防衛」を主たる目的とし強制も厭わない医療への法的介入が，長年疑問をもたれることなく続いてきた。ようやく近年になって精神障害者の人権に着目して現状を改革する試みが顕在化してきた。

　第1章は，人々の偏った精神障害者認識に基づいて形成された精神科医療関係法規の歴史を跡付け，他の領域とは質的に異なる規制目的を明らかにすることにより，次章以下の考察の基本的視点を明確にすることを目的とする。

1　精神障害者に対する人々の視線

　精神障害者に対して人々はどのような視線を送っているのだろうか。地域住民の精神障害者に対する意識を探った調査[2]によれば，「変わっている」(19.9%)，「こわい」(15.7%) という否定的なイメージをもつ人が多く，肯定的なイメージをもつ人は8.9%に過ぎない。各年代とも否定的なイメージをもつ人が5割を超えているなかで，20代は肯定的なイメージをもつ人が比較的多いが，それでも18.4%に過ぎない。性別では，男性 (69.3%) の方が女性 (56.6%) よりも否定的なイメージをもつ人が多い。

　このようなイメージは，以前と変わっているのだろうか。1971年の「精神衛生に関する世論調査」[3]の結果を見ると，「おそろしい，こわい」と感じる人

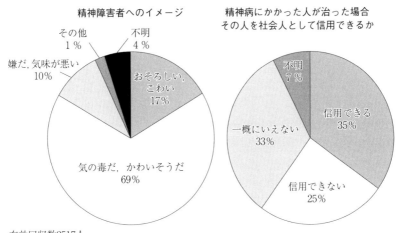

図 1 - 1　精神障害者イメージ（1971年）

有効回収数2517人
小数点四捨五入
「精神衛生に関する世論調査」（1971年 8 月）

出典：野村恭代『施設コンフリクト』（幻冬舎，2018年）68頁

が17％，「嫌だ，気味が悪い」10％であるのに対し，大部分（69％）が「気の毒だ，かわいそうだ」と答えている。「精神病にかかった人が治った場合，その人を社会人として信用できるか」という問いに，「信用できない」25％に対し，「信用できる」が35％と上回っている。

1997年の全国精神障害者家族会連合会の調査では，統合失調症について「少しでも知っている」人は59.6％だった。精神障害者のイメージに関する設問では，「変わっている」36.6％，「くらい」21.7％，「こわい」34.2％だった。また，精神障害に関するイメージでは，「誰でも精神障害者になる可能性がある」51.7％，「病状の悪いとき以外は社会人として行動がとれる」38.2％だった。

　総じて否定的なイメージが圧倒的であるのは確かだが，「こわい」が多数派であるわけではない。1970年代から2000年代までの様々な調査結果を検討した研究者のまとめによると，全体的に「わからない」という回答が多いものの，総じて精神障害者が，危害を及ぼすような人たちではないということを，住民

はある程度，知識としては理解している。誰でも罹りうるものであることを知っている人もある程度いる。[5]

2002年の調査[6]で，「あなたの住んでいる地域に小規模作業所がつくられるとしたらどう思うか」という問いに対する回答は，「ぜひ，つくるべきである」18.1%，「つくっても問題ないと思う」48.6%，「好ましくないと思う」0.9%だった。精神障害者との接触体験の有無による比較でも，回答に差はみられなかった。しかし，「好ましくない」は1%にも満たないのに，後にみるように（第6章），精神障害者施設をつくるとき，住民からの理解が得られないこと（施設コンフリクト）は少なくない。これはつまり，「精神障害者について，実際のところは，あまりよく知らないけれども，施設をつくることに反対ではない」と思う人がいる一方で，「精神障害者についてはよく知っていて，理解もしているけれど，施設の建設には反対だ」と思う人もいるということだ。[7]理解も極めて不十分であるのは大きな問題であるが，理性では理解できていても，感情では納得できないところに，人々の精神障害者認識の問題の根深さがあるのかもしれない。[8]

2004年に内閣府が募集した「障害のある当事者からのメッセージ」[9]は，視覚・聴覚・肢体・内部・知的・精神・発達障害という障害種別ごとに，障害の受け止め方や当事者として世のなかの人々に知ってほしいことを伝えている。そのなかで精神障害者が他の障害者とは異なる意見をもつ項目がいくつかある。「何かができないことを可哀想と思う風潮を改めて」，「障害があるのに頑張っていると変に美化しないで」と思うのは，精神障害者が最も少ない（前者は37.5%，後者は32.1%）。つまり，「可哀想」と思われていないし，「美化」などされていないということだろう。「障害があることは不幸ではなく不自由なだけ」と考えるのも精神障害者が最も少ないのも（32.7%，障害者全体では50.5%），他の障害者とは異なる視線を社会から受けていることを表しているといえるのではないだろうか。

前述の調査では，精神障害者を「こわい」というイメージをもつ人が少なくなかった。後述のように，アメリカの調査でも，精神疾患と犯罪・暴力との関連性を信じている人は今でも多く，以前に比べて精神疾患に対する理解は進ん

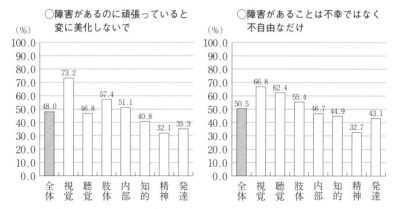

図1-2　障害のある当事者からのメッセージ

でいるものの，精神障害者を危険と見なす人はむしろ増えているという（後出第2章5（1）〔c〕）。マスメディアの不正確な描写や重大事件の過剰な報道がそのような認識をもたらしているものといわれる。

2　精神障害者処遇の過去（精神科医療関係法規の歴史）

　このような精神障害者に対するイメージが，過去にはより極端な形で人々に埋め込まれ，精神科医療関係法規の形成・展開に強い影響を与えてきたのではないか。ここでは，人々の精神障害者認識に焦点を当てて精神科医療関係法規の展開を概観していく。

（1）精神病者監護法・精神病院法
　日本最初の精神科医療関連法規である1900（明治33）年の精神病者監護法以来，精神科医療を規制する法制度の主たる関心は，監護法案の提出理由として政府委員が「精神病に附いて社会に患害を流しまするのでは實に意想外に大なるものでありまする（中略）此法律を制定して右等の者〔精神病者〕を能く保護して遂に社会に流す患害をなきやうに致したいと云う目的でありまする」[10]と述

べるように，患者の危険行動から社会を防衛することにあった。そのためにこの法律は，いわゆる座敷牢に患者を閉じ込める「私宅監置」を合法化し，これは1950年の精神衛生法制定まで続いた。

　政府委員のこの発言や，治安維持法につながる治安警察法と同じ年に施行されたという事実から，精神病者監護法は精神障害者が引き起こす危険行動に対処するための切実な治安立法と受け止められる傾向にあるが，立法時の審議内容を見ると必ずしもそうでもないようだ。[11] 明治政府にとっての最重要課題は不平等条約の改正であり，そのための国内法整備の一環として，精神病者を「法律の恩典」に浴させることが主眼であったという。したがって，政府の意図が社会防衛のための拘禁一本槍だったわけではなく，精神病者は子どもと同じ「不能力者」だから政府が保護しなければならないと答弁する政府委員もいた。

　これに対して一般の議員は，「（監護の）義務を怠ったらどの位危害を及ぼすか知れぬ，随分熊を預かって居る……番をしたと同じことだらうと思う」と精神障害者を熊にたとえたり，[12] 放置しておけば隣家へ火をつけかねないから醤油を作る際に使う桶を監置に用いてもやむを得ないという意見を述べるなど，もっぱら「危険な精神障害者」の取締りを強調していた。このような認識が一般的だったとすれば，政府側が前述のように患者の危険性を第1に挙げたのは議会の賛同を得るための方便といえるかもしれない。[13]

　さて，監護法によれば，精神病者を「監置」できるのは監護義務者に限られていた。監護義務者とは，後見人，配偶者，親権者，戸主，その他の4親等内の親族から親族会に選任された者である。「監置」の内容について法は何も規定していなかったが，学説は，精神病院長が，治療行為以外にも，保護室へ入れること，手錠・枷を用いること，縄紐等で身体を縛ることが許されているから，私宅監置も同様であると解していた。監護義務者が不当な監置をしても刑法上の罪にならず，本法による軽度な処分で済むが，逆に監護を怠り精神病者を「屋外に徘徊せしめ」た場合は科料に処せられた。

　1918（大正7）年，東京帝国大学教授で松沢病院長であった呉秀三が，当時の私宅監置の実況を調査・報告している。[14] そこには，監置室の状態「不良」が6割，家人の待遇「不良」3割，なかには，患者はわずかに腰布一枚をまとう

ばかりで，採光・換気・暖房のない座敷牢に入れられ，衣類や寝具の洗濯，掃除なく，運動する機会なく，入浴は3か月に1回程度のみ，食事は生きていくのも難しいほど少量で，家族の対応を見ると早く死んでほしいといわんばかりである，というような待遇もあったという。呉はいう。「吾人ハ我邦ニ於ケル私宅監置ノ現状ハ頗ル惨憺タルモノニシテ行政庁ノ監督ニモ行キ届カザル所アルヲ知レリ。吾人ハ茲ニ重子テ言フ。斯ノ監置室ハ速ニ之ヲ廃止スベシト。斯ノ如キ収容室ノ存在スルヲ見ルハ正ニ博愛ノ道ニモトルモノニシテ又実ニ国家ノ詬辱ナリ」。この惨状の最大の原因は，官公立精神病院の不足にあるとしたうえで，「我邦十何万ノ精神病者ハ実ニ此病ヲ受ケタルノ不幸ノ外ニ，此邦ニ生レタルノ不幸ヲ重ヌルモノト云フベシ。精神病者ノ救済・保護ハ実ニ人道問題ニシテ，我邦目下ノ急務ト謂ハザルベカラズ[15]」と結んでいる。

　このように私宅監置の実態を批判し精神病院の拡充を訴え，精神医療の先覚者・改革者とされる呉秀三も，時代の制約を免れなかったという指摘がある[16]。「精神病者ハドコマデモ病人デアリマス。其人一人デナク其財産ヲモ害ナヒ家族ニ迷惑ヲ掛ケル最モ憐ムベキ病人デアリマス」，「精神病者ハ自己又ハ周囲ノ財産生命ニ對シテ危険ナモノデアリマス[17]」と述べて，精神障害者が最も哀れむべき存在であると同時に最も危険な存在であると主張しているのである。

　また，指導的な政治家である大隈重信の1906（明治39）年の講演記録を読むと，当時の精神障害に対するイメージがどのようなものであったかが推測できる[18]。「時として精神病は伝染病だ。この伝染は実に恐るべきもので，ドンドン社会に伝染する。社会が病的のようになる。どうかすると国家が病的になる」，「恐るべき精神病者が何十万も居って，これを取締まるという設備を欠いているというのは物騒がせな訳。それから伝染してどうかすると一地方皆その伝染病になって居る。それからどうかすると国家が伝染して皆精神病になる。そうすると大騒動。その極度に至ったならば革命」。著しく科学性・論理性を欠いた内容であるが，聴衆は大喝采を与えたようだ。当時の精神障害観の問題性を指摘するのは容易であるけれども，現在それが完全に克服されているといえるかと問われると，自信をもって答えることが私にはできない。

　実は，このような精神障害者観は日本に限られるものではなかった。アメリ

カ合衆国における危険な精神障害者に対する初期の法律の典型といわれる1788年のニューヨーク州法はこう定める。「精神異常その他により狂乱した者または判断力の混乱によって外出を許されれば危険であるような者が時に存在することに鑑み，2名もしくはそれ以上の治安判事が……同人を逮捕せしめ逃亡の恐れのない場所に安全に収容せしめること，および，同判事が必要と認めれば鎖で拘束せしめうることは，合法であると定められるべし」[19]。精神障害者を危険な存在と決めつけ，その認識に大きく影響された法律による強制措置が安易に正当化された実態がうかがわれる。

　なお，1919（大正8）年制定の精神病院法は，病者の保護，治療を主たる目的としていた点で精神病者監護法と様相を異にするが，その目的達成には公的病院の設立が必須であったにもかかわらず，国家・地方財政の窮迫という事情もあって遅々として進まず，この法律制定後に公立精神病院を設立したのはわずか5府県に過ぎなかった[20]。法案審議の過程で人権保護の必要が強調される一方で，精神科医でもあった議員が，「我々ガ精神病者ヲ見マスルニ精神病者ニシテ殆ド危険性ノナキ者ハ無キヤウニ思ワレマス」と発言するなど，公安維持・治安対策の視点も依然として強かったことがうかがえる[21]。

（2）精神衛生法とその後の展開

　基本的人権の保障を基本原則のひとつとする日本国憲法制定を受けて，1950年の精神衛生法は私宅監置を廃止し，都道府県の精神病院設置義務と入院制度を定めた。しかし，この法律では，精神科の患者が自らの意思で治療を受けることは想定されておらず，すべての入院患者が非自発（強制）入院であった。場所が座敷牢から病院に移ったのみで，精神障害者の自由が剥奪される状況にさほど変化はなかったともいえる。

　立法の審議において人権との関わりがまったく意識されなかったわけではない。法案の提案理由のひとつとして「人権じゅうりんの措置を防止する」ことが挙げられているが，それは精神障害者でない者を収容しないための精神衛生鑑定医制度の新設という文脈で語られているのみだった[22]。また，非自発入院（措置入院，同意入院〔現・医療保護入院〕）による自由の拘束が不当な手続で行わ

れた場合の対応としては，人身保護法の適用による救済と刑法220条の不法監禁罪が語られるのみで，非自発入院の「決定権は，長期に亘る身体の自由の拘束になる」から行政官庁ではなく家庭裁判所が関与すべきとの意見を紹介したうえで，裁判所の現状・機能からみて早すぎるとして否定しているほかには，入退院手続についてはほとんど論議されていない[23]。精神病者監護法制定時のような露骨に差別的な精神障害者観がみられるわけではないものの，患者の人権を重要視しているとはいえない状況であった。

　精神衛生法のもとで，強制入院手続が容易に発動され，精神障害でない者も自傷他害のおそれのない者も入院させられた。入院後も実質的な治療を受けることなく拘禁され，暴行・脅迫，「作業療法」という名の強制労働・搾取，ロボトミー等の危険な施術，懲罰としての電気ショック等々がなされることもあったという[24]。精神病院において人権侵犯の疑いのある事件として問題とされることはあったが，「精神病院は社会から孤立し，精神病院・精神障害者に対する一般社会の偏見が定着」していった[25]。

　精神病院入院歴のある少年が起こしたライシャワー駐日アメリカ大使刺傷事件（1964年）は，警察庁長官の「何とか精神病者を治安取り締まりの対象にできないかと考えている」との発言に象徴されるように，治安対策としての法改正の機運を高めたが，学界・病院関係・患者家族側が批判的な態度をとったため，政府も慎重な態度に変わり，警察官等による通報制度の拡大，緊急措置入院の新設などにとどまった（1965年改正）ものの，精神医療法制は保安重視に傾斜してきた[26]。こうした傾向の背景に，「春先になると，精神病者や変質者の犯罪が急に増える。毎年のことだがこれが恐ろしい。危険人物を野放しにしておかないように，国家もその周囲の人ももっと気を配らなければならない。犯人が精神病的だったからといって，外国大使を傷つけた日本の責任が軽くなるというものではない[27]。」という世論があったことを指摘しなければならない。

　1960年代，施設整備費と運営費に公費補助が導入され，民間の精神病院の精神病床は急速に増床することとなったが，過密収容，長期在院化，医療従事者の不足等，精神障害者に十分な医療と保護が提供されているとはいえないという，現在にも継続する課題が浮き彫りとなっていった[28]。

　そうしたなかで，1984年，患者が看護者のリンチで死亡するという信じが
たい事件が発覚した（宇都宮病院事件）。この事件は国際的にも大きな衝撃を与
え[29]，患者の権利をほとんど顧みない日本の精神科医療制度の問題性を白日のも
とにさらすことになり，法改革の機運をようやく高めた。1987年改正（「精神保
健法」に名称変更）の審議においては，「精神障害者の人権の擁護」が最重要な
目的として挙げられ，精神保健指定医制度の導入，任意入院の導入など入院制
度の改正，入院患者の処遇に関する改正等について議論が行われた[30]。発言者は
一致して「精神障害者の人権の重要性」を語る。しかしそのうえで，入院制度
や入院後の処遇などについて改正の必要性を強調する議員がいる一方で，それ
だけではなく，精神障害者の「犯罪の内容を見てみますと，極めて悲惨なもの
が多い」から，「精神障害者の人権を守るとともに，地域社会の人権もまた守
られなければならない」[31]，入院患者に対する告知の義務づけへの疑問，措置入
院の判定基準策定への消極的意見も出された[32]。後者の意見の背景に，従来と同
様の否定的な精神障害者観があることはいうまでもない。

　その後の1995年改正（「精神保健及び精神障害者福祉に関する法律」に名称変更）
等の数次の改正は，このような背景のもとで，患者の権利にも配慮した精神科
医療制度を打ち立てるものとなったのである[33]。

　戦後の精神科医療法制は，人権保障を基本原理とする日本国憲法の存在も
あって，人権との関わりを意識するものへと変わったことはいうまでもない。
しかし，戦前と共通する精神障害者イメージが今もなお強固であるために，精
神障害者以外であれば疑問がもたれて当然の自由の拘束等が比較的安易に正当
化される事情には，さほどの変化が認められない。特に非自発的入院制度（措
置入院，医療保護入院）の実体・手続要件については，精神衛生法から基本的に
は変わっていない。憲法上の人権の観点からの精査が求められる。

3　精神科医療に対する法規制の特徴

　医療は人の生命・身体に重大なる影響を及ぼすものであり，また公共的関心
事であるから，従来法による統制はなされてきた。しかしそれは，医療従事者

の資格や業務を定めたり（医師法，保健師助産師看護師法など），医療提供施設の人員や施設の最低基準を法定するもの（医療法など）であって，医療従事者の行動規範に関する明示的なルールは例外にしか過ぎなかった。ところが今日では，人権とインフォームド・コンセントを旗印に医療従事者の行動を規制しようとする動きが強まっている。医療事故訴訟の増加も含め，従来医療倫理または医療慣行の枠内で処理されてきた領域に法規制の網が相当広くかかるようになったのが，近年の医療をめぐる特徴のひとつとして挙げられるであろう。

　このなかにあって，法規制との関連で精神科医療は相当異なる道を歩んできた。一般に医療関係者の行動について専門家集団の自律的な規範に委ね，法はそれを尊重すべきであるとする空気の強いなかで，精神科医療は，その他の診療科の医療と比べ，明らかに強い法規制に服してきた。そしてそれは，上述の「人権とインフォームド・コンセント」を掲げる一般医療における近年の動向とは一線を画すべき契機によってなされてきたのである。

　規制の目的・機能をやや図式的に整理すれば，①精神科患者の危険行動から社会の安全を防衛する〔患者（疾患）から社会を守る〕，②病識を欠く患者を保護し治療する〔患者（疾患）から患者を守る〕，③強制の要素を強く有する精神科医療・保護の対象になることから非患者を守る〔医療・保護から非患者を守る〕，④医療・保護において患者の権利・利益を守る〔医療・保護から患者を守る〕，といった4点を挙げることができる。一般医療の最近の傾向と目的を同じくする〈人権の観点から医療実践を問い直す〉という規制目的は，このうち④に関わり，比較的最近になって関心を集めるに至ったものであるが，他の要素は古くから法規制の主要目的とされてきたのである。なお，ある法規制が複数の目的・機能をもつことはしばしばみられることであるが，ここでは主たる目的・機能に沿って分類する。

（1）患者（疾患）から社会を守る（社会の安全保持）

　前述のように，1900（明治33）年の精神病者監護法以来，精神科医療に対する法規制の主要な目的は社会防衛にあった。現在においても，ポリスパワーを根拠とするこの規制目的は依然として重要な機能を果たしている。「他害のお

それ」を要件とする措置入院（精神保健及び精神障害者福祉に関する法律〔以下，精神保健福祉法〕29条）や緊急措置入院（同法29条の2）はもちろんであるが，精神障害者またはその疑いのある者に関する申請・通報・届出（同法23〜26条の2）やそれらに基づく精神保健指定医の診察の制度（同法27条）も，社会防衛を重要な目的としている。それ以外にも，精神障害者の加害行為をめぐって被害者側が家族や医療機関に対して行う民事責任の追及などが，同様の役割を演じている。1970年代からアメリカで激しい論議を巻き起こしている「警告義務」（患者が第三者に対して暴力をふるう重大な危険があると治療者が判断したとき，その第三者を保護するために警告その他の措置をとる義務）の問題も，この契機に関わる。なお，保護者の自傷他害防止監督義務（精神保健福祉法旧22条1項）は，社会防衛の責任を保護者に課す特異な規定であったが，1999年の改正でようやく削除された。法改正によっても，精神障害者が他人に危害を加えた場合に保護者の民事責任が免除されるわけではないとされているが[34]，一方で，責任追及の矛先が家族から医療機関に移るとの危惧を表明する見解も出されていた[35]。各界から廃止が主張されていた保護者制度がなくなったのは，ようやく2013年のことだった。

　患者の人権が重視されるようになるにつれ，社会防衛の契機はかつてのように前面に出ることはなくなった。精神障害者の他害行為を防止すること自体が精神障害者の利益となり保護の一種であるから，強制医療の目的はあくまでも患者の医療保護であるとの見解もある[36]。しかし，このような入院形態が社会の安全保持の機能を果たすべく社会から期待されているのは事実である。ライシャワー大使刺傷事件（1964年）をはじめとし，バスジャック事件（2000年），大阪教育大学池田小学校事件（2001年），相模原事件（2016年）など，精神病院入院歴のある者が重大事件を起こす度に繰り返し社会防衛の強化が叫ばれることを思えば，この点を無視して法規制の全体像を構想することはできないのである。

（2）患者（疾患）から患者を守る（医療へのアクセス）

　1919（大正8）年制定の精神病院法の主たる目的は病者を保護，治療するこ

とにあったものの, そのために必要な公的病院の設立が十分でなかったことで, 目的を叶えることができなかった。この反省のうえに立って1950年に制定された精神衛生法は,「精神障害者等の医療及び保護」を基本目的とし, それを強制入院によって行おうとしたのである。現行制度のなかでは,「自傷のおそれ」を要件とする措置入院, 医療保護入院（精神保健福祉法33条）, 応急入院（同法33条の4）, および1999年改正で新設された移送制度（同法34条）などがこの類型に含まれる。もちろん, 現行法が精神科医療へのアクセスを強制権限によってのみ行おうとしているわけではなく, 1960年代以降,「入院医療から地域ケアへ」という流れが強まるにつれ, 通院医療の公費負担の制度（同法32条）や地域精神保健に関する様々な制度（精神保健福祉センターや社会復帰施設等）も重要な役割を果たしている。

　さて, 強制的な措置が正当化されるためには, 適切な医療・保護が提供されるという前提条件が備わっていなければならないはずである。ところが現実には,「治療なき拘禁」という実態が広くみられたことは否定できない[37]。このような事態を打開するために, アメリカでは, 強制入院によって自由が制限される代償として「治療を受ける権利」が認められなければならないという主張がなされ, 新しい人権として裁判所の一定の承認を得た[38]。日本でもそのような主張が一部みられたが[39], 広がりをもつことはなかった。日本では, 憲法25条が「健康で文化的な」生活を営む権利を保障していることもあって,「治療を受ける権利」の存在が当然視されたともいえるが, 25条に由来する権利は, アメリカにおけるそれのように, 強制入院の運用を規制し治療環境の改善を強いる原理としてではなく, むしろ医療・保護を提供するための強制的な措置を根拠づける役割を期待されたのである[40]。

　精神科医療に関する法制において, 適切な治療を確保することが中心課題であるべきは当然のことである。しかし, その際にどの程度強制の要素をもつべきかについて, いまだコンセンサスが得られているとはいえない状況である。

（3）医療・保護から非患者を守る（非患者の人権擁護）

　精神病者監護法が専ら治安保持を優先し, 治療に関する規定をもたなかった

のは事実である。ただ，同法の制定目的のなかには，精神病でない者を誤って
監禁することを防止することも含まれていた。[41]精神病者の監禁はやむを得ない
が，病者でない者の身体の自由を拘束することは由々しき事態であるというの
である。

　この点はアメリカにおいても同様の事情があった。19世紀後半，各州の強制
入院手続が刑事手続類似の厳格なものに改正されたが，これは夫の申請によっ
て州立精神病院に入院させられたパッカード夫人の退院後のキャンペーンを一
因とするものであった。[42]また，1970年代に入院に高いハードルを設定すべきこ
とを求めた連邦地方裁判所は，その根拠として，当時の診断基準（DSM-Ⅱ）
によれば「診断者が望みさえすれば，いかなる理由であれ，ほとんどすべての
人を精神疾患をもつクラスに分類することができる」[43]と述べる法学論文の一節
を引用している。つまり，精神科診断の不確実性ゆえに厳格な入院基準の採用
を求めたわけである。もっとも，この論理が常に貫徹されるわけではない。連
邦最高裁判所は，1979年の Addington v. Texas（441 U.S. 418）判決において，
「重篤な精神疾患に罹患し治療を必要としている者は完全には自由ではない
し，スティグマから免れてもいない。……したがって，精神障害者が自由にな
る方が，精神的に正常な者が収容されるよりもはるかによいということはでき
ない」と述べて，精神科診断が不確実であるという事実を踏まえたうえで，入
院要件に該当しない者を誤って入院させる自由損失よりも，精神障害者を入院
させ損なうことの問題性を重視したのである。

　現行法において，強制入院の際に踏むべき手続に関する規定（精神保健福祉
法29条，33条等）や退院請求の規定（同法38条の4）に，非患者を強制医療から
守るという目的が含まれているのはいうまでもない。しかし，この目的は法規
制のみによって達成されるものではなく，基本的には精神科診断の精密化に待
つところが大きいといえよう。[44]

（4）医療・保護から患者を守る（患者の人権擁護）

　精神科医療以外ではさほど表面化することのない（1）～（3）の契機が，
精神科医療では強く意識され，「外から」医療を制約する理由とされてきた。

これらの目的は，長年精神科医療をその他の医療から際立たせる要因となって
きたのである。その前提には，①精神科患者は病識がない，②精神科患者は自
他に対して危険である，③したがって，精神科医療には強制の要素が不可欠で
ある，といった認識が堅固に横たわっているようである。

　近年になってようやく，医療・保護は（非患者に対してはともかく）患者に対
しては専ら利益であるとする見方に疑念が呈されるようになった。身体の自由
や自己決定権をはじめとする憲法上の人権やインフォームド・コンセントの法
理などを根拠に，これまではやむを得ないとされてきた強制的な医療処置に伴
う人権の制限が問題視されるようになり，人権侵害の場合に救済するシステム
の必要性が強調されるに至った。これは，一般医療における最近の傾向と軌を
一にするものである。1987年の精神衛生法改正以来の動きは，基本的に患者の
自由・人権を擁護する方向に向けられたものであった。入院時の権利告知（精
神保健福祉法22条の４第１項，29条第３項，33条の３等），退院・処遇改善請求（同
法38条の４，38条の５），病院内処遇の規制（同法36条），入院の必要性や処遇の
妥当性を審査する精神医療審査会制度（同法12条以下）などがその具体例であ
る。

　このように患者の権利擁護が重視されるようになると，他の規制目的との間
に緊張が激化するのは必然であった。例えば，「患者の人権擁護」のために入
院要件を厳格にすれば，「社会の安全保持」や「医療へのアクセス」を損ない
かねない。すなわち，一般医療においては，人権や倫理の強調が医学準則や医
療慣行と衝突することになる（法・倫理 vs 医）のに対して，精神科医療におい
てはそれに加えて，同じく医の論理の外から及ぶ制約である社会の安全保持等
の規制目的ともぶつかるのである（法・倫理 vs 医：法・倫理 vs 法）。単純に「法
の論理」と「医の論理」との対立といいきれないところに，精神科医療に特有
の問題設定が必要とされる所以があるのである。

　1)　本章の記述に関連する私の論稿として，以下のものがある。「不利な立場の人々の人
　　権」後藤玲子編著『正義』（ミネルヴァ書房，2016年）；「精神科医療の倫理的側面におけ
　　る法的判断」『臨床精神医学講座 special issue 第12巻　精神医学・医療における倫理とイ

ンフォームド・コンセント』（中山書店，2000年）。

2) 谷岡哲也「住民の精神障害者に対する意識調査」香川大学看護学雑誌11巻1号（2007年）72頁。

3) 内閣府大臣官房政府広報室「精神衛生に関する世論調査」（1971年8月）。野村恭代『施設コンフリクト——対立から合意形成へのマネジメント』（幻冬舎，2018年）67-69頁。

4) 全国精神障害者家族会連合会「精神病・精神障害者に関する国民意識と社会理解促進に関する調査研究報告書」（1997年度）。野村・前掲書（注3）70-72頁。

5) 野村・前掲書（注3）78頁。

6) 矢島まさえ・梅林奎子ほか「山間地域における精神保健福祉に関する住民意識——精神障害者と接した体験の有無による比較」群馬パース学園短期大学紀要5巻1号（2003年）3頁以下；野村・前掲書（注3）74-77頁。

7) 野村・前掲書（注3）78-79頁。

8) 野村・前掲書（注3）80頁。

9) 内閣府「障害のある当事者からのメッセージ」（2005年3月11日）（内閣府 HP）。

10) 第13回帝国議会貴族院　精神病者監護法案　第一読会における政府委員松平正直による提案理由（1898年1月16日）。大日本帝国議会誌刊行会編『大日本帝国議会誌　第4巻』1244頁（国立国会図書館デジタルコレクション）。

11) 中谷陽二「精神病者監護法の背景——明治国家と狂気」石川義博編『精神科臨床における倫理　法と精神医学の対話3』（金剛出版，1996年）24-28頁。

12) 中谷・前掲論文（注11）26頁。

13) 中谷・前掲論文（注11）28頁。

14) 呉秀三・樫田五郎「精神病者私宅監置ノ実況及ビ其統計的観察」『東京医学会雑誌』32巻（1918年）521頁以下（岡田靖雄・小峯和茂・橋本明編『精神障害者問題資料集成　戦前編　第4巻』（六花出版，2011年）91頁以下）。

15) 呉・樫田・前掲論文（注14）798頁（岡田ほか編・前掲書161頁）。

16) 中谷・前掲論文（注11）28-31頁。

17) 呉秀三「精神病者保護取締ニ関スル意見」内務省衛生局『精神病院保護ニ関スル意見』（1918年）2-3，5頁（岡田靖雄・小峯和茂・橋本明編『精神障害者問題資料集成　戦前編　第4巻』〔六花出版，2011年〕178-179頁）。

18) 中谷・前掲論文（注11）31-33頁。

19) New York Laws of 1788, ch. 31, *quoted in* Alan Dershowitz, *The Origins of Preventive Confinement in Anglo-American Law, Part II: The American Experience*, 43 CIN. L. REV. 781, 789 (1974).

20) 法案審議の場で政府は，国庫補助を行って毎年3～4か所ずつ10～15年計画で公立精神病院を設立すると説明していたが，実際には予算の裏付けがなされなかった。政府が10～15年計画で公立精神病院を設立すると公約してから19年目の1937年には，公立精神病院6（病院法制定前に公立病院のあった東京を含む）に対し，私立の代用精神病院は52，病床数では公立2,338床，代用を含む私立の総数は1万7,544床だった。吉岡真二「精神病者監

護法から精神衛生法まで」精神医療史研究会編『精神衛生法をめぐる諸問題』（病院問題研究会，1964年）20-22頁。

21）　吉岡・前掲論文（注20）19頁。精神病院法制定後初めて公立精神病院を設立した鹿児島県は，英国皇太子を迎える際に精神病問題がやかましくいわれたこと，2番目の大阪府では，私宅監置室を抜け出した精神障害者が路上で通行人を殺傷した事件がきっかけとなったという。同論文21頁。

22）　第 7 回国会参議院厚生委員会会議録第25号 1 頁（1950年 4 月 5 日）。

23）　同上会議録2-3頁。

24）　町野朔「精神医療における自由と強制」大谷実・中山宏太郎編『精神医療と法』（弘文堂，1980年）28-29頁。

25）　藤岡一郎「精神衛生法制をめぐる歴史的展開──その戦後における展開」大谷実・中山宏太郎編『精神医療と法』（弘文堂，1980年）213-214頁。

26）　藤岡・前掲論文（注25）220-221，224頁。

27）　朝日新聞「天声人語」1964年 3 月25日。

28）　藤岡・前掲論文（注25）224-225頁。

29）　この事件をめぐって，国連人権小委員会で討議が行われ，国連 NGO である国際法律家委員会（ICJ）と国際医療職専門委員会（ICHP）の合同調査団が1985年以来 3 度にわたって来日して報告・勧告を行った。国際法律家委員会編（広田伊蘇夫・永井貫太郎監訳）『精神障害患者の人権　国際法律家委員会レポート』（明石書店，1996年）。

30）　例えば，第109回国会衆議院社会労働委員会会議録第11号 3 頁以下（1987年 9 月10日）参照。

31）　同上会議録 3 頁。

32）　同上会議録 4 頁。

33）　1987年改正以降の動向については，精神保健福祉研究会監修『四訂　精神保健福祉法詳解』（中央法規，2016年）13-54頁参照。

34）　川本哲郎「医療保護入院の新たな判定基準──法学の観点から」精神科診断学11巻 1 号（2000年）23頁。

35）　澤温「精神保健福祉法改正の評価──精神科臨床の観点から」精神科診断学11巻 1 号（2000年）32頁。

36）　大谷實『新版精神保健福祉法講義〔第 3 版〕』（成文堂，2017年）43頁。

37）　藤岡・前掲論文（注25）225頁。

38）　横藤田誠「精神障害者の治療を受ける権利と裁判所」阪本昌成・村上武則編『人権の司法的救済』（有信堂，1990年）139頁。

39）　町野・前掲論文（注24）39頁；竹中勲「精神衛生法の強制入院制度をめぐる憲法問題」判例タイムズ484号（1983年）57頁。

40）　大谷・前掲書（注36）45頁。

41）　中谷・前掲論文（注11）24頁。

42）　横藤田誠「アメリカにおける精神病者と憲法─強制入院法の歴史的展開─（一）」広島

法学12巻3号（1989年）87頁。

43)　Joseph M. Livermore, Carl P. Malmquist & Paul E. Meehl, *On the Justifications for Civil Commitment*, 117 PA. L. REV. 75, 80 (1968).

44)　大谷実「精神医療体制の基本問題」大谷実・中山宏太郎編『精神医療と法』（弘文堂，1980年）9頁。

コラム①　本書執筆の契機——障害者として

　本書のもととなったのは，広島大学総合科学部・法学部でこの10数年間行ってきた「現代法政策論」という授業です。精神障害と社会との関係で生ずる問題に法がどのような役割を果たしているか，またいかなる限界があるかを考えようとするものです。

　第4章4で少し触れますが，生後7か月でポリオ（脊髄性小児まひ）に罹り，両足と右手に障害を持った私は，5歳から10年間，肢体不自由児施設と養護学校（現・特別支援学校）中学部の寄宿舎で，周りはみんな障害児という「普通でない」環境で生活しました。外には「普通の人」（健常者）が暮らす「普通の社会」があることをもちろん知っていて，僕たちはそこでは生きていけないからここにいるんだ，と思わされていました。その後ずっと，松葉づえをもって普通の社会にへばりついてきました。

　一方で，私は10数年前まで自分を「真の障害者」とは思っていませんでした。施設で知り合った脳性まひや筋ジストロフィーの友人たちと比べれば，自分なんかホントの障害者とはいえない，と感じてきました。がんばればなんとか健常者の世界で生きていくことができるから，どうしてもがんばりすぎる傾向があったのでしょう。「足が悪いことで卑屈になることは一切なかったけど，足が悪いから頑張らなくちゃっていうのはすごくあって，すごく頑張る。みんなポリオの人って頑張り過ぎるとこありますよね」（熊倉伸宏・矢野英雄編『障害ある人の語り』誠信書房，2005年，61頁）というポリオの女性の語りを読んで，本当にそうだと共感しました。

　そんな私も，自分が障害者であることに正面から向き合わざるを得なくなりました。15年前くらいから，両足と右腕の筋力が日を追う毎に低下してきました。昨日はできていたヒゲ剃りが今日はできにくい。立ったり座ったりが難しい。そしてとうとう手が上がらず板書ができなくなる…そんなことの連続でした。PPS（ポスト・ポリオ症候群）の発症です。進行性の疾患であるPPSの診断を受けた時，やっぱり，という思いとともに，「これで私もホントの障害者」という嬉しくない感慨を抱いたものです。その後も着実に（?）進行しています。今春，大学内を歩いていて転んだ時，自力で立ち上がることができず，知らない学生さんに抱き起こしてもらいました。

　しかし，このような感慨はあくまでも身体障害者の枠内の話です。私は，はしがきで書いた出来事があるまで，精神障害者が社会からどのように扱われてきたのか，差別・偏見に基づく理不尽な法的対応に法学がいかに対処してきたのか，ほとんど知ることがありませんでした。自分のような下肢障害者だけでなく他の障害者のことについても，健常者よりは「わかっている」と思っていた私にとって，それは大きな衝撃でした。精神障害者の人権についての研究に私のやるべきことがあるのではないか。そう思ってこの問題を研究テーマの重要なひとつとして取り組んできました。

第2章

強制医療システムと人権¹⁾

　明らかに人権が侵害されている精神障害者が何故権利救済手続を行使しないのか。この古くて新しい問いが国会で提起された稀な例がある。1984年3月2日，衆議院法務委員会の場である。²⁾ある議員が法務大臣の所信表明に対する質疑のなかで次のように問題提起した。「精神障害者の人権の擁護の問題につきましてどのようにお考えなのか，承りたいと思います。と申しますのは，精神障害者は社会的に見て弱者でありまして，したがって，その人権の擁護についてはある意味では健常者以上に周到な配慮が必要なのではないか，そう思われるからであります。例えば，精神障害者でない者が精神障害者とされて強制的に入院をさせられる，あるいは障害者ではあるにしても，その程度及び態様からして強制的な入院の必要がないにもかかわらず入院させられる，あるいはまた，当初は入院の必要があったにしても，後に治療の結果必要性が消滅したにもかかわらず，なお入院が継続される，こういうような形態で不当な拘禁，こういうものがあるとしたら，重大な人権侵犯になります」。精神障害者が置かれている実態について諸外国と比較したうえで，この議員は，全入院患者数のうち強制的に入院させられている者が圧倒的に多い，また，入院期間が非常に長く，しかも閉鎖病棟に拘禁状態になっている者が多数にのぼることを指摘し，「不必要な者が不必要な期間，不必要に拘禁されているのではないか，こういう強い疑いを持たざるを得ない」と断じている。

　その後のやり取りのなかで，法務省や最高裁事務総局の担当者から，法律上の救済手段の種類と実態が明らかにされた（【　】内が実態）。①人身保護法による救済【例年60〜70件の請求事件のうち精神病院入院患者関連が1割程度。1981年に請求認容事例があるものの，近年では他に認容例はない】，②都道府県知事に対し

措置入院措置の取消を求める抗告訴訟【例あり】，③都道府県知事に対し措置入院措置の解除を求める行政不服審査【1983年に2件あり措置解除が1件】，④本人・保護者が知事に調査を請求し，知事が措置解除する【1978年に調査依頼13件のうち3件が措置解除した例がある】，⑤知事が鑑定医に病状審査をさせ入院継続の必要がなければ退院を命ずる【1982年，鑑定実施294件に対し退院命令39件】，⑥入院不当を理由とする損害賠償請求【1982年に提訴され，翌年一審で棄却され控訴中の事例がある】，⑦ほかに人格権に基づく妨害排除請求の民事訴訟が考えられないわけではない【肯定する学説はあるものの，例なし】。議員からは，「今，少なくとも主観的に措置が不当であると考えた人の救済手続の種類及び実績について伺ったのですが，極めて数が少ない，申し立て件数そのものが極めて少ないということが明らかになった……。申し立て件数自体が少ないことそれ自体非常に奇異に感ずるわけでございますが，恐らく各種の不服申し立てをするという手続すらとれないという状況に置かれているのではないか。医者と患者という圧倒的な力関係の差がございますので，また外部と思うように連絡がとれない，あるいはとったところで家族や保護者の方も出てこられると迷惑だとか，いろいろな要因があろうと思いますが，件数自体が極めて少ない，大変奇異な感じを受ける」と感想が述べられている。

　日本の精神科医療の現実からみて当然の指摘であるが，答弁で法務大臣が「先ほど来のデータを中心にしたやりとりを聞いておりまして，実は初めて伺った実態でございます。その実情について実は大変な問題だなと，こういうことを率直に感じた次第でございます」と正直に述べているように，このような人権上重大な問題が長年，裁判所でも議会でも問題視されなかった実情を明らかにしたものとして重要なやりとりである。

　精神障害者になぜ人権が保障されてこなかったのか。精神保健福祉法が定める具体的な制度の合憲性については第3章で検討する。本章では，アメリカにおける強制医療システムと憲法上の人権の関係をめぐる議論についての歴史的展開を概観することにより，この問いに対するひとつの回答を得ようとするものである。

1　精神障害者になぜ人権が保障されてこなかったのか？

（1）精神障害者の「不利な立場」

　前述の国会でのやり取りで議員が「精神障害者は社会的に見て弱者でありまして，したがって，その人権の擁護についてはある意味では健常者以上に周到な配慮が必要なのではないか」と述べている。精神障害者が「不利な立場」にあることは否定できないだろう。問題は，どのような意味で「不利」であるのかということだ。

　アンソニー・ギデンズは，「マイノリティ」の特徴として，①不利益の現存，②共属感情の共有，③社会からの物理的・社会的な孤立性の３点を挙げている。このような特徴をもつ人々（不利な立場にある人々）に共通するのは，ある種の「弱さ」を抱えていることではないだろうか。人の「弱さ」には，他者や社会との不可避的な関わり合いを要する〈存在としての弱さ〉と，意思や人生理想を一貫して維持することが難しい〈意思の弱さ〉の２つがあるという見方がある。これを〈社会関係上の弱さ〉と〈主体としての弱さ〉とみることもできよう。

　不利な立場の人々は，自らの生を全うするために他者や社会との緊密な関わり合い（場合によっては依存）を必要とするという意味で，〈社会関係上の弱さ〉をもつ。もちろん，人は誰も一人では生きていけないという意味ではすべての人がそうだということになろうが，ある程度独力で生きることができ，必要に応じて他者・社会との関係性を作ることが可能な多くの人と，それが困難な人とは区別して考えることができる。困難の背景としては，子ども・高齢者・障害者・感染症患者等のように，監護・福祉・医療を要することが多いという意味でより依存的な生を強いられる場合（「依存型」と呼ぼう）と，女性・外国人・ホームレス・元受刑者等のように，本来は依存的であるわけではないが，必要に応じて他者・社会との関係を築くことから（様々な理由により）排除されている場合（「排除型」と呼ぼう）とがあるように思われる。また，不利な立場の人々のすべてではないが，子ども・高齢者・障害者のなかには意思決定能力が十分

でない人々がいる。このような〈主体としての弱さ〉をもつ人々の人権主張には、一層の困難がある。

　精神障害者は、ギデンズが挙げる3点すべてを強固に備えているように思える。また、福祉・医療を必要とする（依存型）とともに、「危険な人」「何を考えているかわからない人」と社会から排除されやすい（排除型）という、二重の意味で〈社会関係上の弱さ〉を抱えている。加えて、意思決定能力（特に治療に関する判断能力）が相当制約されているとみられることも多く、〈主体としての弱さ〉をもつ面があることを否定できない。このように重層的に不利な立場にある精神障害者にとって、「強い個人」像（後述）を措定する人権理念が十分に役割を発揮することができないことは容易に想像できる[5]。

　私はかつて、アメリカ合衆国における精神障害者の強制入院制度の憲法的評価の歴史的展開を探った論稿の終焉近くに、次のように述べたことがある。「合衆国は日本と比較して、憲法の役割が大きい社会であろう。にもかかわらず、施設というカーテンに隔てられ、専門性という敷居に遮られている、政治的に発言するためのグループを形成することの少ない精神病者に対しては、憲法の光はなかなか及ばなかった。この事実は、憲法の役割の限界を示しているとはいえないだろうか。憲法の保護を受けることができるのは、自ら声をあげて保護を要求する積極的な人（グループ）か、または社会の関心を引き受けることのできた人（グループ）であるといえる。自ら発言することのなかった精神病者は、社会が注意を向けたときにのみ憲法の光を浴びることができたのである」[6]。その後、状況は若干変化したものの、この記述は現時点でも修正の必要を感じない。また、アメリカのみならず日本でも同様の状況を指摘することができよう。ただ、「憲法の光を浴びる」ことの意味と内容については、日米で相当の違いを指摘することができる。

（2）「医療モデル」と「人権モデル」──アメリカと日本の位置づけ

　本論に入る前に、精神科医療と人権との関係について、アメリカと日本が世界の中でどのような位置づけにあるのかを確認しておこう。ここ数十年、精神科医療をめぐって、健康に最大の価値を置く「医療モデル」と、自律と平等を

最重視する「人権モデル」が激しく対立してきた[7]。特に，非自発入院の対象となった患者に対する治療の強制をめぐって，議論は沸騰する。医療モデルに拠る人たちは，治療提供によってのみ正当化される非自発入院の患者に治療拒否権を認めるのは背理であるとし，医療的判断によって治療が実施されるべきは当然と論ずる。これに対し，人権を重視する論者は，精神疾患をもつというだけでは患者の治療に関する判断無能力の証明にならず，また，ほとんどの国で無能力が非自発入院の要件に含まれていないから，非自発入院患者イコール判断無能力とはいえず，法的に無能力と判定されるまでは治療拒否権が当然認められると主張する。

　本章で明らかにされるように，アメリカ合衆国が人権モデルを牽引してきたことに異論はない。それに対して日本は，個人よりも共同体を重視する文化に基づいて「医療モデルに堅く根ざしている」と評されている[8]。また，「精神疾患を有する者の保護及び精神保健ケアの改善のための原則」（1991年12月17日国連総会採択）策定時に医療モデルの強力な主唱者であったこと，共同体志向の表れとして医療保護入院が存在していることが指摘されている。

　ヨーロッパ諸国も含め世界の多くの国では，アメリカ合衆国ほど人権モデルを徹底させてはいない。しかし，後にみるように，実はアメリカも医療モデル的な要素を無視してきたわけではない。一方，日本はこれまで明らかに医療モデルを追求してきたが，迷いなくそうしてきたともいえない。第1章でみたように，人権との関わりをそれなりに意識してきたのである。まったく交わるところのないようにみえる両国の歩む道に共通するのは，〈自由〉と〈健康（福祉）〉の相剋である。

2　非自発入院の正当性は疑わしい？

　精神科医療制度を他の医療制度と比べて最も特徴づけるのが，非自発入院制度の存在である。医師により治療の必要性があると診断され周囲から入院を勧められても，どうするかを決めるのは患者本人であり，自律と自己決定権を尊重する社会では，入院を強制されることは通常ない。ところが，精神科医療の

局面では様相が一変する。「診察を受けた者が精神障害者であり，かつ，医療及び保護のために入院させなければその精神障害のために自身を傷つけ又は他人に害を及ぼすおそれがあると認めたとき」（精神保健福祉法29条 1 項），あるいは，「診察の結果，精神障害者であり，かつ，医療及び保護のため入院の必要がある者であつて当該精神障害のために第20条の規定による入院〔任意入院〕が行われる状態にないと判定されたもの」（同法33条 1 項 1 号）については，本人の意思によらない入院が法律に基づいて強制されることがある。このような非自発入院は，憲法が保障する身体の自由，居住・移転の自由，自己決定権等を明らかに制約するように思える。にもかかわらず，長らくその正当性に疑いをもたれることすらなかったのである。基本的人権の思想を欠いた明治憲法下で精神障害者の人権が問題とされなかったのはもちろん，豊富な人権規定を有する現憲法のもとにおいても事情はあまり変わらなかった。ようやく1970年代に至って，精神医学者や刑事法学者によって非自発入院の根拠・要件について批判的な検討がなされるようになったが，[9]憲法学においては，人権との関係が意識されるようになってもなお，強制入院制度は感染症予防のための隔離と同列に扱われて合憲と解されるのが常であった。[10]

　非自発入院の正当化事由として通常挙げられるのは，措置入院の場合の「自傷他害のおそれ」と医療保護入院の根拠となる「医療及び保護のための入院の必要性」だろう。まず，①他害の防止は，最も強力な正当化根拠と見られているが，感染症予防医療法にいう感染症拡大のおそれと同等の正当化事由といえるだろうか。そもそも精神疾患をもつ患者が一般に危険なのだろうか。精神障害者以外の「危険」な者がなぜ対象外なのかも問われる。また，どの程度危険であれば非自発入院の対象になるのだろうか。行政解釈によれば，殺人・傷害・強盗等，他人の生命・身体を害する行為のみならず，社会的法益を害する行為（例えば公然わいせつ）も「他害」に含めているが（昭和63年 4 月 8 日厚生省告示125号），これは広過ぎないだろうか。自殺を防止するための非自発入院は，②自傷の防止として正当化されようが，自殺に至らない自傷行為すべてが非自発入院の理由となる「自傷」に含まれるのだろうか。③治療の必要性は，治療が疾患の治癒・軽減につながり患者の利益となるだけに正当化根拠として

受け入れやすいが，後述のように本人の他の権利利益と衝突することも少なくない（措置入院等の合憲性については第3章で詳しく述べる）。

　以下，憲法が保障する権利の観点から非自発入院の正当化根拠を精査してきたアメリカにおける展開を概説した後，考慮されるべき要素に関する議論を振り返る。

3　非自発入院の正当化根拠——アメリカの展開[11]

（1）「自他への危険」故の収容

　アメリカにおいては，連邦憲法修正5条および14条のデュー・プロセス条項にいう「適正な法の手続によらないで……自由……を奪われない」権利のなかに，「身体的拘束から自由である権利」が含まれるとされている。したがって，「いかなる目的であれ，収容は自由の剥奪を構成し，デュー・プロセスを要求する[12]」のは当然ということになる。この権利は，「デュー・プロセス条項が保障する自由の中核[13]」ではあるが，文字通り絶対的な権利ではなく，一定の根拠によっては身体的拘束が許容されると解されている。問題は，いかなる根拠であれば許容されるのか，という論点に移る。ただ，憲法が精神障害者の処遇を常に規律してきたわけではなく，精神医学の発達段階，政治レベルでの精神障害者の保護と医療への関心，精神障害者に関わる問題に対する法律家の認識，という3つの要素に規定されてきたといわれる[14]。これに一般市民の精神障害者認識を加えてよいかもしれない。

　アメリカにおける非自発入院制度の歴史は，「他人（社会）に対する危険」および自殺の恐れという意味の「自己に対する危険」を防止するポリス・パワーの行使として出発した。すなわち，精神障害者が収容の対象となったのは，その疾患の故ではなく危険性の故であった。

　植民地時代初期には，精神障害者は救貧法や刑事法によって処遇され，治療という観点はまったくといっていいほどなかった。この点は，明治日本において精神障害者が救貧の対象（恤救規則〔1874年〕）か，排除・隔離の対象（精神病者監護法〔1900年〕）であったことと共通する。もっとも，日本の精神病者監護

法が精神障害者の私宅監置を公認し専ら監護責任を家族に委ねたことはアメリカとは大きく異なり，注目すべき相違点である。

　植民地時代および独立後数十年間のアメリカでは，精神障害者が注目を浴びるのは，犯罪を行うか，あるいはそれに至らないまでも近隣に迷惑を及ぼして，社会のポリス・パワーの行使と関わる場面のみであった。精神科病院の設立すら，患者の治療を目的とするというよりも社会の秩序維持に重点が置かれていた。[15]　この頃の入院手続は極めて簡単なもので，治安判事の命令によって，監獄，救貧院，そして当時ほとんど存在していなかった病院といった利用可能な施設に収容するものが多かった。[16]　もちろん，刑事手続なら必須と考えられている陪審審理や厳密な証拠法則等はなく，専ら治安判事の自由な裁量に委ねられていた。[17]　この他，後見人によって収容がなされることもあった。[18]　この時期にアメリカは独立し憲法をもつに至るわけだが，憲法の存在が精神障害者の処遇に影響を与えた節はみえない。

　このようなものとして非自発入院制度が発足したことは，精神疾患を危険と同視する払拭し難い観念を生んだ。このような見方は，社会防衛のために危険な者を排除しようとして，簡便な手続による過剰な収容につながる。危険性の中身，すなわち危害の重大性，危害発生の蓋然性，予測の正確性等が問われ始め，そしてそもそも精神障害者は危険であるのかが疑われ始めるまでには，百数十年の時を必要としたのである。

（2）「治療の必要性」要件の登場

　19世紀になると，80％から100％に及ぶ高い治癒率が信じられ，精神科病院が激増する。治療を目的とする非自発入院が前面に出てきたわけである。この事態を受けて，アメリカ最初の包括的な強制入院法であり，他州のモデルとなったといわれる1842年のニューヨーク州法は，「これ以後発生する精神疾患のすべての症例について，精神疾患者は10日以内に州立精神科病院に送致されなければならない」と規定した。[19]　各州法はこれに倣って入院の対象を拡大し，従来の危険な精神障害者に加えて治療可能なすべての精神障害者を，裁判所の厳しいチェックなしに入院させうるようにした。[20]

　これまでは，精神障害者の自由を剥奪することが正当化されるのは，ポリス・パワーの行使として他者や社会に対する脅威を防止する場合か，そうでなければ，選任の際に周到な手続的保障のある後見人による場合のみだった。ところが，治療のために積極的に入院させるようになったこの時期，ポリス・パワーではなく，州自らが後見人となること，つまりパレンス・パトリエ（parens patriae，後見人としての国家）権限によって強制入院が正当化されるようになったのである。[21] これにより，患者のためというパターナリスティックな配慮が患者自身の意思や権利に優先するという傾向を生み出した。病院長が患者の日常を厳しく管理するとともに，規則的な労働を課したり，面会・通信が制限されたりすることが日常化されたのである。[22] 危険要件に伴う問題点に加えて，治療のためという理由で入院手続の緩和や院内の自由の制限がどこまで許容されるかという新たな論点が加わったのである。

　「治療の必要性」を中心とする非自発入院の構図は，これ以後100年以上にわたって継続することになる。この間，精神障害者以外の者が誤って収容されることのないようにという問題意識から入院手続の厳格化が求められることもあったものの，「精神障害者の」非自発入院を問題にするものではなかった。また，以前喧伝されていた高い治癒率が実は誤りであることが明らかにされ，[23] 治療を提供するはずの病院が実際には最低限の衣食住のみを提供する施設になったにもかかわらず，これを問題視する動きは顕在化しなかった。ある精神医学者が「奇妙なアイロニー[24]」というほど，この頃の精神医学や精神科病院の評判は相当良かった。ようやく1960年代後半になって，精神障害者の「人権」が発見されたことにより，非自発入院制度は憲法問題となるのである。それからの約15年間，精神科医療に関する法領域は前例のない変革を経験した。この時期の立法・判例の変化には目覚ましいものがあり，強制入院制度の批判者をして，「司法の姿勢におけるこの変化のスピードと程度は驚くべきであり，また私の知るところでは先例に基づいていない。このように大幅にそして急速に変化した法分野の例を私は知らない」[25] といわしめるほどであった。各州の法律も大きく修正を迫られることになった。1973年からの 5 年間に34州が強制入院法を改正しており，[26] それ以前に改正した州を加えればほとんどすべての州が法

の見直しを行ったことになる。

（3）「危険」要件の厳格化

　従来，法律家の関心は，正常な者が誤ってあるいは悪意によって強制的に入院させられることのないようにすることであり（第1章3の法規制類型（3）），また精神科医はなるべくインフォーマルな手続によって患者を受け入れることに注意を払っていた。いわば入口の段階で議論を交わしていたわけで，そもそも精神障害者のうちどのような者が非自発入院の対象となるのか，あるいはそれは憲法上許されるのか，といったより重要な問題は看過されていたのである。ところが，1960年代後半になると，「たとえ患者を収容根拠別に分類することが容易にはできないとしても，理論上根拠を区別することは，基準および手続の選択のために，また病院管理者が患者のケアにおける治療の自由を制限する際の指針を得るためにも必要である」[27]という認識が表明されるようになった。実体要件の緻密化なくして手続や入院後の処遇の評価はできないことが初めて明確に意識されたといえる。

　1960年代後半以降の非自発入院制度改革が目指した方向を要約すれば，「精神医療法の刑事司法化」といえよう。従来「危険」要件の正当性は疑われることがなかったが，この時期には，その内実が問われるようになる。非自発入院という自由侵害を必要最小限のものにするために，入院要件を厳格にするとともに，手続も刑事手続類似のものを導入する。このような法のポリシーに先鞭をつけたのが，カリフォルニア州の Lanterman-Petris-Short Act（LPS 法）（1967年）であった。この法律は，1947年に加えられた「治療の必要性」要件を再び削除し，「切迫した危険（imminently dangerous）」と「重度障害（gravely disabled）」という2つの要件に限定した[28]。後者は，「食物，衣服，または住居に対する基本的ニーズをまかなうことのできない状態」と定義されており，明らかに単なる「治療の必要性」を超えるもので，ある意味では「自身への危険」に近い基準であるといえる。これ以後の法改正は概ねカリフォルニア州法と軌を一にするものであった[29]。

　この法律と同様，いやそれ以上のハードルを非自発入院に設けようとする判

例も現れた。ウィスコンシン州東部地区連邦地裁によるレサード判決（1972）[30]であった。州法が挙げる実体要件は「精神疾患」と「自他の福祉のために治療を必要とする」ことだった。判決によれば、このような漠然たる規定はデュー・プロセスの基本的観念を侵害する。合憲的な実体基準として連邦地裁はまず、「自他に直ちに危害を及ぼす（do immediate harm）顕著な可能性（extreme likelihood）」という、非常に限定された「危険」要件を挙げる。さらに、「将来の行為を予測する試みは常に難しく、そのような予測に基づく収容は常に疑いをもって見られねばならないが、もし適正な立証責任が果たされ、危険性が自他に対して重大な危害を及ぼす最近の明白な行為、未遂、または威嚇の認定に基づいていれば、強制入院が正当化される場合もありうる」[31]と述べて、「明白危険行動の要件」を憲法上の要件とする。つまり、危険性の立証を精神科医の証言によってではなく、過去の行為に基づいて認定することを求めたのである。この判決はまた、実体要件を限定したのと同じ理由で、入院手続についても極めて厳格なものを求めた。非自発入院に伴う多大な権利喪失（契約・免許・結婚等）やスティグマを考えれば、刑事手続と同等の手続的保障が憲法上要求されるとしたのである。

　連邦最高裁判所は現在のところ、実体要件の合憲性をまだ判断していない。ただ、1975年のオコーナー判決[32]に若干の示唆を読み取ることができる。同判決は、「州は、一人でまたは援助の意志と責任をもつ家族や友人の助けを得て、自由のうちに安全に生きていける危険でない者を、他に何の理由もないのに（without more）収容することは憲法上できない」[33]とだけ述べて、治療の目的のみで強制的に入院させることができるかという争点を明確に拒絶した[34]。しかし、「強制入院を正当化するために一般的に提出されている」理由として、①公共への危害を防止すること、②彼自身の生存もしくは安全を保証すること、または③彼の疾患を軽減もしくは治癒すること[35]、の３つを挙げている。これはそれぞれ、他人への危険、重度障害および自身への危険、治療の必要性を意味すると思われるが、最高裁がいかなる根拠を憲法上許されるものと考えているかはまだ明確ではない。ただ判決が、州は「地域で享受しているものより高度の生活水準を精神障害者に保証するため」、または単に「市民を風変わりなふ

るまいをする人々に触れさせないようにするため」に彼らを入院させることはできない，と述べている部分や，「『精神疾患』の認定だけでは，州が人を意思に反して閉じ込め，無期限に単なる後見的な監禁状態にとどめることを正当化できない」としているところをみれば，最高裁は，社会的逸脱者の強制入院や，1950年代以前の常態であった後見的保護のための入院を認めない立場をとっているように考えられる。この判決は，「治療の必要性」から「危険」へという流れに逆行するものとは考えられないものの，「治療の必要性」要件の合憲性については触れていないために，州議会にある程度の選択肢を与えたとみることもできる。

　実体要件を「危険」しかも「切迫した危険」の場合に限り，その立証に「最近の明白危険行動」の認定を要するという州法の傾向は，実体要件と憲法とを調和させるための必要最小限の条件であった。「治療の必要性」要件を合憲とすることにはかなりの困難が伴う。パレンス・パトリエを根拠とするこの要件が合憲とされるためには，当人が同意無能力であることが要求されるが，この認定は「重度障害」に至らない患者の場合，特に難しい。その人が治療を拒否するとき，その拒否が，関連情報を認識したうえで自身の価値体系に基づいて行われたものか（この場合能力があるとみなされる），それとも疾患が生み出した認識の歪曲の産物であるか（無能力とされる）を区別することは不可能に近い。精神科医は患者の「自由」よりも「ニーズ」に着目し，入院を肯定する決定に傾きがちである。

　強制入院の要件をこのように厳格化するのは，法の論理の貫徹という視点からみれば理解できないこともない。「文明社会のどの成員に対してにせよ，彼の意志に反して権力を行使しても正当とされるための唯一の目的は，他の成員に及ぶ害の防止にあるというにある。人類の構成員の一人の単に自己自身だけの物質的または精神的な幸福は，充分にして正当な根拠ではない」とするJ・S・ミルの自由原理は，法の世界で広く承認されている。「他の成員に及ぶ害の防止」以外の理由に基づく自由の制限が強い疑いの念をもってみられるとすれば，例えば「治療の必要性」による非自発入院を正当化することは極めて困難となろう。そのうえ，ある者にとって治療が必要か否かの判定は，医師のほ

とんど全面的な裁量に委ねられることになり，決定の主観性を免れない。[39]

　非自発入院法の刑事手続化をもたらしたこの時代の傾向を決定づけたのは，以上の理由にも増して，公立精神科病院の惨状が広く認識されたことだった。強制的に入院させた病院が適切な治療を提供できないどころか，人間の尊厳を無視した環境であるとすれば，非自発入院制度が正義であるか社会には確信がもてない。だからこそ，この制度を維持するためには，対象者を「顕著な危険性を有する精神障害者」に限定するともに，その判定の際に刑事手続とほとんど変わらない厳格な手続保障を求める道しかなかったのである。「自己負罪」を拒否する権利 や「伝聞証拠」の排除など，精神科病院にはいることがまるで刑務所に収容されることと同じであるかのような言葉が飛び交い，それが一定の説得力をもったのがこの時代の空気だった。

　確かに「危険」要件が主流になったのには，以上のような十分な理由があった。しかし，問題はそこにとどまらなかった。この要件自体がさらに大きな議論を巻き起こすことになるのである。ある精神科医が危険要件の問題点を次のようにまとめている。[40]①重篤な精神疾患をもち短期の強制的な入院治療から利益を受ける者の大部分は危険ではないから，真に入院に適する者が対象から除外される。②犯罪を行った者は刑事司法で裁かれる（結果的に責任無能力で無罪になるにしても）から，危険要件のもとで非自発入院の対象となるような者は，刑事司法にとっては重要だと見なされていない。つまりこの要件は真の社会防衛の機能を果たしていない。③稀な例外を除いて，暴力的傾向を治癒することはできない。④治癒不能の暴力的患者が多数入院することにより，公立精神科病院の治療環境は破壊される。

　このうち①については，多くの精神科医が指摘するところである。[41]患者のニーズを重視する彼らにとって，危険でない精神障害者が無視されることは到底合理的とは思えない。「重度障害」にも「危険」にも該当しないこのような者こそが病院医療に最も適する，と医学者は主張する。一方，「治療の必要性」要件には前述のような難点が存在する。ここには法と精神医学の基本哲学の相違が横たわっている。こうした事態の憲法的評価を法の論理の貫徹によって行うことは一応可能であり，1970年代のアメリカではそのような傾向が極め

て強かったということができるが，「治療の必要性」要件がなければ現実に治療を受けられない人々の存在を法も無視することができない。結局，このような人々によって提起される問題をその時代の社会がどう評価するかが最大のポイントとなるであろう。

②にいう社会防衛については，医学者の言い分はもっともである。なぜ精神障害者に限っていわば予防拘禁が許されるのかという点は，「危険」要件の本質的な難点であるといえる。その難点にもかかわらずなおこの要件が維持されるべきだとするならば，社会防衛の目的に真に適する者に非自発入院の対象を厳しく限定する方策（要件の緻密化と危険性の正確性増進）がとられねばならない。要件の緻密化という点については，まず予測される危害が重大でなければならないとの縛りが考えられる。[42]これを受けて現在の州法は「人の身体への重大な危害」に限る傾向が強い。次に危害発生の確率が極めて高いことという要件も考えられる。州法上は「重大なリスク（substantial risk）」等と規定されることが多い。以上のように要件を絞るとしても，そもそも精神科医による正確な危険予測は可能なのかという疑問は残る。多くの研究が，現在の危険予測の技術は過大予測を生みがちであることを指摘している（本章5（1）〔b〕参照）。

③にいう危険の治療可能性という点は，要件の精密化に関して重要である。人格障害（personality disorders）をもつ者は危険であるかも知れないが，治療は困難または不可能であるといわれている。[43]このような人々の非自発入院は，精神障害者以外の危険な者を予防拘禁していない現在の法のもとで許されないとの指摘がある。[44]そこで，危険要件の前提として，危険性が精神疾患の結果であり，かつ，その精神疾患に治療可能性があることを求めるという主張が生ずるのである。[45]

④精神科病院の治療環境の悪化という点については，病院内の暴力発生率の増加という形で実際に現れていた。[46]実体要件の中心に「危険」を置くという法の建前からすれば，このことは予期されていたといえる。ただ，「病院を刑務所に，医療スタッフを看守に変えてしまう」[47]という事態を容認すべきか否かは，危険要件の合憲性の問題を別にしても，重要な問題である。

「他人に対する危害の防止」以外の理由に基づく自由の制限が強い疑いの念

をもってみられるとすれば，「治療の必要性」による非自発入院を正当化する
ことは極めて困難となる。

　しかし，各州の非自発入院の要件が「危険」のみになったわけではない。前
述のように，カリフォルニア州の LPS 法（1967年）は，「切迫した危険（immi-
nently dangerous）」のほかに，「重度障害（gravely disabled）」という要件を挙げ
ている。1970年代の大胆な法改革の結果，ほとんどの州で「危険」要件を規定
し，「重度障害」要件を規定する州も多数にのぼった一方，単なる「治療の必
要性」のみに基づく非自発入院は極めて困難になったのである。

　公立精神科病院が「治療の場」ではないという現実と法の論理を調和させる
ために進められた非自発入院の「刑事手続化」は，入院患者数を激減させた一
方，精神障害者を一層治療から遠ざける結果を招いた。ある精神医学者は，
1980年代のアメリカにおける精神疾患のイメージとして，暴力，ホームレス，
患者・家族の苦しみの３つを挙げた[48]。これらのイメージは1970年代の法改革の
ひとつの結果とみることができる。実体要件の緻密化，手続の厳格化により非
自発入院患者は激減したが[49]，再入院率は急上昇しており，短期間の入退院を繰
り返す「回転ドア」現象を生んでいる。「危険」要件に合致しない精神障害者
の中には，入院しなくても自分や他人を傷つけることはなく，また生命，健康
に直ちに重大な危機が訪れるわけではないものの，受診を勧められても拒否
し，家族に多大な経済的・精神的負担をかけるとともに，自らも社会的に深く
傷つく人々がいる。また，厳格化された実体要件に該当しない患者の多くが
ホームレスとなったという[50]。また，退院したものの適切な地域医療を受けるこ
とができない精神障害者のなかには，逮捕されて拘置所や刑務所に収容される
者が後を絶たない。ある研究によれば，刑務所・拘置所の被収容者の16％以上
に精神疾患があり，その数は30万人を超え，比率は一般人口の約４倍にのぼる
という[51]。

（4）新「治療」要件の登場

　このような人々によって提起される問題を社会がどう評価するかによって，
法の態度も変わらざるを得ない。大都市でホームレスとなっているかつての入

院患者を目の当たりにした社会は，法改革の正しさに自信を失い，新たな道を模索し始める。実体要件を再び緩やかにする動きが出てきたのである。一部の州では，「重度障害」や「自身への危険」の定義を拡張するという形で，病状の深刻な悪化が懸念される場合に入院を可能にする改正が行われている。例えば，アラスカ州では，「重度障害」の定義として，従来の「衣食住の基本的ニーズを充足しえない状態」に加えて，「従前の自立生活能力の重大な悪化のおそれ」の場合にも入院を認めている。[52] また，アリゾナ州は「自身への危険」のなかに，「入院しなければ重篤な疾患になる」場合を加えている。[53] 人権モデル最先端の国と自他共に認めるアメリカも，医療モデル的な要素を無視し得ないことを示している。

（5）アメリカの強制入院要件の現状

　2014年時点のアメリカ各州の非自発入院要件は以下の通りである。[54] まず，全州で「危険」要件が規定されている。ただ，注目すべきは，最近の明白な行為に基づく自他の身体に対する切迫した危険，という非常に限定された要件を挙げつつ，それ以外の要素をも危険に含めていることである。例えばアイオワ州法は，「精神疾患を持つ者が治療を受けることなく自由であるとき，その者との接触を避ける合理的な機会を欠く家族その他の者に対し，重大な精神的な危害を及ぼすおそれのある」場合を危険性に含めている。[55]

　「重度障害」を定める州が46にのぼっている。

　半数以上の州が「治療の必要性」要件を備えている。「必要とされる精神科その他の医療を求めることができない」，「十分な情報を得た上での医療上の決定を行うことができない」，「更なる身体的・精神科的・感情的荒廃を防ぐための介入の必要がある」場合を挙げるのが典型的である。ウィスコンシン州法では，「十分な情報を得た上での治療の選択や荒廃を防ぐためのニーズに関するケアや治療の選択を行うことが実質的にできない場合，および，治療を受けなければ，健康・安全のためのサービスを受けることができず，重大な精神的・感情的・身体的危害を被り，その結果，地域社会での役割を果たすことができず，または，思考・行動に対する認知的・意志的コントロールができない場

合」を含めている。なお，「治療」要件を採用する場合，対象者が治療に関する判断能力を欠くとの認定を要するとの考えが，すでに1950年代から明らかにされている。すべての州法がこの要件を明定しているわけではないものの，パレンス・パトリエ権限の歴史的起源が知力を欠く児童・知的障害者・精神障害者の保護にあり，後見制度と趣旨を同じくするものであることからして，当然の前提と考えられている。

　州法上は圧倒的に「危険」要件が優勢であるように見えるが，強制入院要件の趨勢は，明らかに「治療の必要性」要件の復活を示しているといえよう。こうした実体要件の拡大は，重大犯罪の発生率を減少させ，早期の治療を可能にして早期退院を増加させるとともに，家族や法執行機関・精神保健システムに好影響を与えていると肯定的に評価される傾向にあるけれども，憲法による権利保障の観点からの正当性の評価を免れるわけではない。

4　精神障害者のみの非自発入院の正当化根拠

　1960年代後半以降，非自発入院制度が「身体的拘束からの自由」を侵害せず合憲であるというためには「危険」要件を前面に押し立てるほかないとの認識が一般的になった。そして，「危険」の内実が問われるようになり，社会防衛の目的に真に適する者に強制入院の対象を厳しく限定する方策（要件の緻密化と危険予測の正確性増進）が追求された。

　それでは，危険要件をこのように限定すれば合憲といえるのだろうか。この点，1968年にある論者が，「非自発的な収容は社会がもたらす最も重大な個人的自由の剥奪である。刑事手続という手段によるそのような剥奪を正当化する哲学的な根拠は，徹底的に探究されてきた。同じような知的な努力は，強制入院手続を社会が用いることの根拠を提供することには向けられてこなかった」と述べているのが注目される。確かにほとんどの文献は，「地域の秩序と安全に危険となった精神障害者を施設に収容する州権限を問題とする者は誰もいない」というトーンで貫かれていた。精神障害者のみがなぜ，という疑問を提起する者は不思議なほど少なかったのである。

　ポリス・パワーに基づく非自発入院の目的である公共の安全確保という観点からすれば，精神障害者であると否とに関わりなくすべての危険な者を収容することが最も適切ということになる[60]。しかし，「自由と自律の価値を重く見る社会において，予防拘禁はたとえ人間らしいなど価値ある目的のためでさえ一般的には正当化されない[61]」。

　それでは，精神障害者のみの「予防拘禁」はどう説明されているのだろうか。まず，精神障害者は一般人より危険性が高いという社会通念がある。この観念が強制治療システムを支える大きな柱であることは現在でも変わりないが，これを支持する確固たる証拠があるわけではない。

　第2に，非自発入院後に提供される治療は精神障害者に利益になるという点が挙げられる[62]。治療の利益はパレンス・パトリエに基づく非自発入院については唯一の正当化根拠となっているが，精神障害者のみの「予防拘禁」を正当化する根拠としても重要な位置を占めている。すなわち，非自発入院制度を合憲としうるのは「危険」よりもむしろ「治療」なのである。これに対しては，精神科病院の実態に基づく批判論もあるが，より根本的な難点が指摘されている。もし治療の利益を与えることで危険な精神障害者の非自発入院を正当化しようとすれば，その精神障害者に治療の可能性がなければならない。そしてこの場合，非精神障害者であってしかも治療（矯正）に適応する者もまた非自発入院（収容）の対象としなければならない。そうでなければ平等原則違反との批判を免れない。また，患者が治療を拒否すれば利益は存在しないのだから，治療拒否ができないほど能力を欠くことが要求される。このように要件を絞り込んでいけばあるいは合憲と考えることができるかも知れないが，そのような極めて限定的な非自発入院制度に社会は満足するであろうか。現在，非自発入院制度それ自体を違憲とする判例はなく，学説でも極めて少数にとどまる[63]。しかし，非自発入院制度の正当化根拠はそれほど堅固なものではないことは理解しておくべきであろう。

　「危険」要件，「治療」要件のいずれについても，その基礎に精神障害者の「能力」に対する一定の認識があるように思われる。治療に関する判断能力を欠くゆえに自身の利益を守ることができないとみられているのである。これ

は，精神障害者には有意味な自由や自律がないとの主張につながり，強制治療システムを背後から支えてきた最も普遍的な理論であるといえる。しかし，このような精神障害者観には科学的な根拠がない[64]。結局この理論は，精神障害者のなかには他人には理解できない行動をとる者がいるという経験的事実から類推したある種の「信念」に過ぎないとの見方もできる。

　アメリカにおいては，以上のように，精神障害者の判断能力の欠如あるいは限界を基礎に，非自発入院の要件として「危険性」と「治療の利益」を挙げ，一時両要件を極めて厳格化したものの，現在ではやや緩和している。

　このような状況を踏まえつつ，日本では近年，非自発入院は，パレンス・パトリエを基礎として，精神障害者に医療へのアクセスの機会を与える制度であり，これは医療保護入院のみならず措置入院についてもそのように理解すべきであるとの見解が有力になっている[65]。ただ，この見解にあっても「自傷他害のおそれ」は強制的な医療提供が許される限界として，制度の正当性評価に依然として重要な位置づけを与えられている[66]。法的構成のあり方は重要であり，様々な議論がありうるものの，一定の結論に至るためには，「危険」「治療」「判断能力」の各要素に関する考察が必要であるという事実に違いはない。次節において，これら3つの要素についての議論を振り返ってみよう。

5　非自発入院の正当性を支える要素

（1）精神障害者と「危険」

〔a〕危険の定義

　精神障害者の非自発入院の正当性を考える際，「危険」は最重要な要件であるが，実は現在でも危険の定義についての合意は存在しない[67]。例えば，ある論者は「危険」を，①危害の重大性，②危害発生の蓋然性，③危害発生の頻度，④危害の切迫性という4つの構成要素に分けるが[68]，別の論者は，①行為のタイプ，②行為の頻度，③行為の最新性（recency），④行為の重大性，⑤行為の対象の5つの観点から危険を測る[69]。ここ数十年間で甚だしい誤用はなくなったけれども，医師や法律家等の誤解によって非自発入院の過程で誤って適用される

例が依然として存在するという[70]。

〔b〕危険予測の困難性

　非自発入院関連法のなかで，精神科医が将来の危険性をいかに正確に予測することができるかという問題ほど論争的なものはなく，過去30年間，学術文献のほとんどすべてが，危険性予測は偶然よりも不正確であり，3回に2回以上間違うという点で合意しているという[71]。しかし，世論の圧力に対応せざるを得ない裁判所はそのように割り切ることができない。連邦最高裁は1983年，危険予測が困難だというアメリカ精神医学会の提出した書面を拒絶したのである[72]。最高裁は10年後，「精神障害者による将来の暴力行動に関する精神科医による予測の多くは不正確である」[73]と傍論で率直に述べたが，通常の強制入院手続の決定には事実上何らの影響も及ぼしていない。

　しかし，その後の研究によれば，危険に関わる社会的変数（性，年齢，雇用，過去の暴力経験，薬物・アルコール依存等）については比較的正確な予測が可能であり，また，遠い未来の予測は無理でも短期なら可能であり，法学・心理学・統計学・倫理学・犯罪学・社会科学を含む学際的研究が一定の役割を果たすことが明らかになっている[74]。

〔c〕精神障害者における犯罪・危険性のリスク

　精神疾患と犯罪・暴力との関連性を信じている人は多い[75]。以前に比べて精神疾患に対する理解は進んでいるものの，精神障害者を危険と見なす人はむしろ増えている。マスメディアの不正確な描写や重大事件の過剰な報道がそのような認識をもたらしているものといわれる。

　詳しくは後に述べるが（第5章1），近年の研究によれば，犯罪や暴力行動のリスクと精神科的症状に関係はあるけれども，それだけではなく，社会的要因が色濃く反映しているということが明らかになっている。精神障害者の危険性を無視することはできないけれども，それ故に非自発入院の対象にすることが当然であるとまでいえるだろうか。暴力行動につながりうる症状を改善することは本人にとって利益であるといえようが，どの程度であれば強制措置が可能で，その際の手続的保障としていかなるものが要求されるのだろうか。

（2）「治療」の利益の位置づけ

　日本の有力な学説は，危険性予測の困難性等を理由にポリス・パワーによる非自発入院は根拠薄弱であるとし，非自発入院を医療保護目的に限定すべきとする。この場合，「他害」を要件とする措置入院についても，他害行為を行えば精神障害者は法律上・社会上不利益を被ることになるので，それを防止すること自体が精神障害者の利益を守る所以であり保護にあたるから，これもパレンス・パトリエに立脚すると捉える。また，前述のように，医療保護入院のみならず措置入院をも精神障害者に医療へのアクセスの機会を与えるパレンス・パトリエに基づく制度と捉える見解もある。

　この考えの背景には，憲法25条を根拠に，「意思能力ないし社会的適応能力を十分に有していない精神障害者に対しては，その生存権を保障し福祉を図る見地から，本人の利益のために一定の強制権限を加えることが必要である」という認識，「精神障害者には，治療を拒絶する権利，『精神医療からの自由』……だけでなく，治療を受ける権利，『精神医療への自由』……も保障されなければならない」という認識がある。また，憲法13条の保障する自己決定権に関して，「精神障害のために病識を欠き適切な自己決定ができないと認められ，しかも医療保護が必要な者に対して，国がその自己決定を補い後見的な立場から医療保護を加えることは，かえって幸福追求権を保障することになる」，あるいは，「高度の社会的不適合性を意味する『自傷他害のおそれ』のある精神障害が，入院が本人の自己決定に委ねられる領域を超える存在であることを意味」することから，非自発入院が合憲とされる。

　確かに，憲法上の権利に関して日米で最も異なるのは，アメリカ憲法が生存権等の作為請求権を有しないということである。自己決定権だけを保障すれば精神障害者の人権が全うされるわけではなく，日本国憲法25条の意義は大きい。しかし，25条が国に一定の医療提供の義務を課しているといえるとしても，強制的な権限行使の根拠となると解することはできない。また，自己決定権が万能であるわけではないが，精神障害者が概して「自己決定ができない」といえるか，社会的不適合性をもつ精神障害者にとって「入院が本人の自己決定に委ねられる領域を超える」と断ずることができるか，疑問の余地がある。

基本的人権の核心は自由権にあること，および社会権もまた請求権であること
を踏まえると，身体的自由を制限する合憲的根拠として憲法25条に基づく治療
を受ける権利を援用することはできないのではないか。そもそも治療を受ける
権利は，アメリカにおいて，強制治療を根拠づけるものではなく，非自発入院
の運用を規制し治療環境の改善を公権力に強いる役割を果たしてきた[83]。

　確かに健康・治療の利益は非常に魅力的な根拠である。しかし，医療保護入
院が親族間の争いに利用されて悲劇的な自由剥奪を招いた事例は，現代におい
ても存在する[84]。自由の重要性を思えば，治療の利益は身体的自由の内在的制約
を判断する際のひとつの要素として位置づけられるべきであろう（第3章2参
照）。

（3）精神障害者の「能力」

　自己決定権は，結果の合理性とは別に重視されてきた。J・S・ミルは，
「われわれの好むとおりに行為することの自由」は，「われわれのなすことが，
われわれ同胞たちを害しない限り，たとえ彼らがわれわれの行為を愚かである
とか，つむじ曲がりであるとか，ないしは誤っているとか，考えようとも，
彼らから邪魔されることのない自由である」[85]と述べて，「愚行権」を認めてい
る。その人にのみ関わる事柄については，社会や他人が介入するよりも本人が
決める方が誤りの可能性が少ないからである[86]。しかし，愚行権には「諸々の
能力が成熟している人々にのみ適用」されるという限界がある。「いまだ他の
人々の世話を受ける必要のある状態にある人々は，外からの危害に対して保護
されなくてはならないと同様に，彼ら自身の行動に対しても保護されなければ
ならない」[87]。

　憲法13条が保障する自己決定権を限界づけるものとして，「同胞たちを害す
る」場合の他に判断能力が不十分な場合が挙げられる。ある行為が長期的にみ
てその人自身の目的達成諸能力を重大かつ永続的に弱化せしめる見込みのある
場合には介入が正当化される（限定されたパターナリスティックな制約）という有
力な見解がある[88]。精神障害者が当然に判断能力を欠くというわけでないことは
強調しなければならないが，判断能力が相当制限されているとき，社会の介入

が許容される場合がありうることは否定できない。判断能力に疑問があるときであっても，自己決定の可能性を探る必要があるが，例外的に本人の同意によらない入院措置が正当化される余地がある。

　その際，アメリカにおいて，「治療」要件による非自発入院がパレンス・パトリエに基づくとされることが注目される。「後見人としての国家」を意味するパレンス・パトリエ権限が行使されるには，前提として対象者が判断無能力であるとの認定を要し，しかも権限行使に至る過程で相当な手続的保障がなされる。医療保護入院の実体的・手続的要件が現行のもので問題ないか，再検討が必要である。また，措置入院についても，将来の危険性の予測を前提とする入院の強制は許されないとの観点から，判断能力を欠くことを要件とする見解がある。[89]

　国家の介入が求められるのはどの程度判断能力が制限されている場合だろうか。判断能力の基準をいかに考えるかについては，十分な議論がなされているとはいえない。この点，選択の結果が患者に及ぼす影響，とりわけその結果が長期的・永続的に自己決定を不可能にする可能性や程度に応じて思考過程の合理性の判定基準の厳格さに段階を設けるという見解が注目される。[90]

　本章の検討によれば，憲法は非自発入院に条件をつけることはできるものの，完全に否定することはできない。適切な治療提供（治療を受ける権利）と自己決定権に代表される自由との衝突において問われるのが，自由と健康（福祉）という２つの価値の相剋である。アメリカにおいて，1970年代を中心にした革命的な精神医療改革のなかで重大な訴訟に関わった弁護士がこう語っている。「自由の本質的前提とは，人が自ら欲することを，自己に害あることを含めて，他人を害しない限りにおいて，なし得るということである。……何故人は自分の生命に関して自己の欲するままにできるのに，誰かが彼を精神病といった瞬間からその自由を奪われるのか？[91]」と。これに対して，マサチューセッツ州精神保健センターの精神科医が，「医の論理」を印象的な言葉で語ったことがある。「精神疾患はそれ自体最も甚だしい強制的マインド・コントロールであり，最も激しい『人間の完全性への侵入』である。医師は患者を病気の鎖から解放しようとするのに対して，裁判官は治療の鎖から解放しようと

する。この道は，患者にとっては『権利のうえに朽ち果てる』ことにほかならない[92]」と。この一節を含む論文の題名は「真の自由の追求」であった。

　ここで問われているのは，〈自由とは何か〉ということである。後者の精神科医がいう自由は法的意味の自由ではないと一応いえよう。では，これを無視して純粋に法的意味の自由を追求すれば問題は解決するのか。医師が重視する利益を「健康」「福祉」「真の自由」などどのような言葉で呼ぼうと，この視点を無視し得ないところに問題の複雑さがある。自由とそれに対立する価値のいずれが重視されるのか。非自発入院制度の評価は，この点をめぐって紛糾するのである。この課題に対する特効薬はなく，精神障害者，医療者，法律家，社会，様々な立場の人々の間の地道な対話によって合意点を探るほかないのかもしれない。

　精神科医療に関する法を規定する最重要な要素は「自由」の位置づけである。一般論としては，自由の重要性を誰もが受け容れるだろう。しかし，「治療を拒否することで経験できるかもしれないどんな利益も，治療されない精神疾患が引き起こす計り知れない苦痛を正当化するに十分なものではないだろう[93]」という指摘は無視できない。治療の強制をめぐる議論において，自由の尊重を徹底させればすべてうまくいくわけではないのはいうまでもない。自由の価値のみを主張して治療の利益を無視する態度や，専ら治療提供の善なる所以を説き，患者の自由を不当に軽視する立場が妥当とは思われない。そのような両極端の立場を排して，両者の折り合いをつけるほかないであろう。

1)　本章の記述に関連する私の論稿として，以下のものがある。「強制治療システムとその正当化根拠──アメリカの憲法判例を中心に」町野朔編『ジュリスト増刊　精神医療と心神喪失者等医療観察法』（有斐閣，2004年）；「抗精神病薬強制投与に対する法的対応──その国際的動向」臨床精神薬理14巻1号（2011年）；「精神障害者と人権──不利な立場の人々の人権保障に関する一考察（一）」広島法学42巻1号（2018年）；「非自発入院の正当化根拠──法律家の立場から」法と精神医療33号（2019年）。
2)　小澤克介議員と法務省・最高裁事務総局当局者とのやりとり。第101回国会衆議院法務委員会議録第3号13-17頁。
3)　アンソニー・ギデンズ（松尾精文ほか訳）『社会学〔第五版〕』（而立書房，2009年）409頁。

4)　奥田純一郎「死の公共性と自己決定権の限界」井上達夫編『公共性の法哲学』（ナカニ
　　シヤ出版，2006年）333頁。

5)　横藤田誠「不利な立場の人々の人権」後藤玲子編著『正義』（ミネルヴァ書房，2016
　　年）51-53頁参照。

6)　横藤田誠「アメリカにおける精神病者と憲法—強制入院法の歴史的展開—（三・完）」
　　広島法学14巻 1 号（1990年）99-100頁。

7)　横藤田・前掲論文（注1）「抗精神病薬強制投与に対する法的対応——その国際的動向」
　　47-53頁。

8)　Jennifer Fischer, *A Comparative Look at the Right to Refuse Treatment for Involun-
　　tarily Hospitalized Persons with a Mental Illness*, 29 Hastings Int'l & Comparative L. Rev.
　　153, 179 (2006).

9)　精神医療史研究会編『精神衛生法をめぐる諸問題』（病院問題研究会，1964年）；佐伯
　　千仭「法律家からみた精神衛生法の諸問題」同『刑法改正の総括的批判』（日本評論社，
　　1975年）227頁以下；町野朔「精神医療における自由と強制」大谷実・中山宏太郎編『精
　　神医療と法』（弘文堂，1980年）26頁以下；墨谷葵「精神衛生法における入退院手続上の
　　問題点」大谷実・中山宏太郎編『精神医療と法』（弘文堂，1980年）59頁以下；山下剛利
　　『精神衛生法批判』（日本評論社，1985年）等。

10)　中村睦男「居住・移転の自由」芦部信喜編『憲法 III　人権 2 』（有斐閣，1981年）9-10
　　頁（居住・移転の自由を制約しないときに生ずる害悪発生の蓋然性が高く，緊急性と必要
　　性が認められる）；杉原泰雄「刑罰権の実体的限界」芦部信喜編『憲法 III　人権 2 』（有斐
　　閣，1981年）267頁（明確に本人の権利・利益のためのものであり，かつ，手段と程度が
　　目的に相当であれば「意に反する苦役」にあたらない）。そのなかにあって，竹中勲「精
　　神衛生法の強制入院制度をめぐる憲法問題」判例タイムズ484号（1983年）50頁以下が，
　　強制入院制度をめぐる憲法上の論点を精査した意義は高い評価に値する。

11)　本節の記述は，横藤田・前掲論文（注1）「精神障害者と人権——不利な立場の人々の人
　　権保障に関する一考察（一）」95頁以下を基にしている。

12)　Addington v Texas, 441 U.S. 418, 425 (1979).

13)　Foucha v. Louisiana, 504 U.S. 71, 80 (1992).

14)　The Mentally Disabled and the Law 8 (Samuel J. Brakel & Ronald S. Rock eds. 1971).

15)　このような社会の態度は理由のないことではない。「植民地時代の生活水準，制約され
　　た資源，医学的な知識や施設の欠如を前提とすれば，精神障害者の状態が，植民地社会
　　の要救護状態にある他の集団のそれよりも，顕著に劣悪であったと信ずるだけの証拠は
　　存在しない」。Gerald N. Grob, Mental Institutions in America: Social Policy to 1875, 121
　　(1973).

16)　Alan Dershowitz, *The Origins of Preventive Confinement in Anglo-American Law,
　　Part II: The American Experience*, 43 Cin. L. Rev. 781, 808 (1974).

17)　Albert Deutsch, The Mentally Ill in America: A History of Their Care and Treatment
　　from Colonial Times 421-422 (2d ed. 1949).

18）　Dershowitz, *supra* note 16, at 790.

19）　Dershowitz, *supra* note 16, at 808-809.

20）　例えば，1851年のイリノイ州法は，病院長により精神疾患と診断された既婚婦人と未成年者の入院を，通常必要とされる裁判所での審問なしに夫や親の申請のみによって認めている。Dershowitz, *supra* note 16, at 837. 日本独特とされる医療保護入院に近い入院形態がアメリカにもあったのである。

21）　1845年のマサチューセッツ州最高裁判所のオークス事件判決は，「精神障害者（insane person）の自由を制限する権利は，放置すれば自他に危険であるような者の監禁を必要なこととするあの偉大なる人道主義の法（that great law of humanity）のなかに見いだされる。……そしてその法を生んだ必要性が法の限界でもある。患者自身の安全または他者の安全のために彼が一定期間拘束されることが必要であるか否か，および拘束が彼の回復のために必要かまたはそれに役立つか否か，といった問題が，個別の事例において生ずるであろう。拘束は必要性が継続する限り継続しうる。これが限界であり，そして適切な限界である」と述べている。*In re* Oakes, 8 L. Rep. 122 (Mass. 1845), *cited in* Dershowitz, *supra* note 16, at 813-820. この判決にはパレンス・パトリエという言葉は一切出てこないが，これ以降，パレンス・パトリエ権限に基づく強制入院を初めて認めた判決と位置づけられている。

22）　David J. Rothman, The Discovery of the Asylum 142-146 (1971).

23）　1830年代，40年代に公表された高い治癒率は，入院数ではなく退院数に対する治癒の比率であり，再入院数は無視されたことが後に明らかになる。多くの患者は 2 回以上回復したことになっており，29年間に48回も「治癒」した女性がいたという。Gerald N. Grob, Mental Illness and American Society 1875-1940, at 39 (1983).

24）　Zigmond M. Lebensohn, *Defensive Psychiatry or How to Treat the mentally Ill without Being a Lawyer*, in Law and Mental Health Professions 21 (Walter E. Barton & Charlotte J. Sanborn eds. 1978).

25）　Bruce Ennis, *Judicial Involvement in the Public Practice of Psychiatry*, in Law and the Mental Health Professions 6 (Walter E. Barton & Chalotte J. Sanborn eds. 1978). 州・連邦裁判所に係属中の精神障害者に関する訴訟は，1973年には約30件であったのが，5 年後には300件近くになった。また，この問題を専門とする弁護士の数は，1971年には10人程度だったのが，1978年には1,000人を超えたという。

26）　Walter E. W. Barton & Gail M. Barton, Ethics and Law in Mental Health Administration 193 (1984).

27）　Note, *Civil Commitment of the Mentally Ill: Theories and Procedures*, 79 Harv. L. Rev. 1288, n. 11 (1966).

28）　Cal. Welf. & Inst'ns Code § 5008 (h).

29）　1978年までに48州が「自他への切迫した危険」という要件を採用した。Virginia A. Hiday & Stephen J. Markell, *Components of Dangerousness: Legal Standards in Civil Commitment*, 3 Int'l J. L. & Psychiatry 405 (1980).

30）　Lessard v. Schmidt, 349 F. Supp. 1078 (E. D. Wis. 1972).

31）　*Id.* at 1093.

32）　O'Connor v. Donaldson, 422 U.S. 563 (1975).

33）　*Id.* at 576.

34）　*Id.* at 573.

35）　*Id.* at 573-574.

36）　*Id.* at 575.

37）　*Developments in the Law──Civil Commitment of the Mentally Ill*, 87 HARV. L. REV. 1190, 1219 n. 97 (1974).　精神科医は治療拒否を無能力の証拠であると見がちだといわれる。Allan Beigel, Kenney Heglamd & David Wexler, *Implementing a New Commitment Law in the Community: Practical Problems for Professionals*, in LAW AND THE MENTAL HEALTH PROFESSIONS 293 (WALTER E. BARTON & CHARLOTTE J. SANBORN eds. 1978).

38）　ジョン・スチュアート・ミル（塩尻公明・木村健康訳）『自由論』（岩波文庫，1971年）24頁。

39）　ある研究によれば，入院治療を要すると医師が判断した人々を無作為に2集団（外来，入院）に分けたところ，外来患者の方が入院患者よりも回復が早かったという。Bruce J. Ennis & Thomas R. Litwack, *Psychiatry and the presumption of Expertise: Flipping Coins in the Courtroom*, 62 CALIF. L. REV. 693, 717-718 (1974).

40）　Alan A. Stone, *The Social and Medical Consequences of Recent Legal Reforms of Mental Health Law in the USA: The Criminalization of Mental Disorder*, in PSYCHIATRY, HUMAN RIGHTS AND THE LAW 18 (MARTIN ROTH & ROBERT BLUGLASS eds. 1985).

41）　*See, e.g.*, Robert J. Campbell, *Lessons for the Futures Drawn from United States Legislation and Experience*, in PSYCHIATRY, HUMAN RIGHTS AND THE LAW 55 (MARTIN ROTH & ROBERT BLUGLASS eds. 1985)；Lebensohn, *supra* note 24, at 29；BARTON & BARTON, *supra* note 26, at 128-130.

42）　*Developments in the Law, supra* note 37, at 1236.　かつてはほとんどの州で財産への危険に基づく強制入院が認められていたのに対し，1970年代には，立法・判例とも財産への危険を除外するようになった。*See, e.g.*, Suzuki v. Alba, 438 F. Supp. 1106 (D. Hawaii 1977).

43）　Catherine E. Martin, *The Reliability of Psychiatric Diagnosis*, in DANGEROUSNESS 170 (CHRISTOPHER D. WEBSTER, MARK H. BEN-ARON & STEPHEN HUCKER eds. 1985).

44）　Robert Sadoff, *Indications for Involuntary Hospitalization: Dangerousness or Mental Illness?* in LAW AND THE MENTAL HEALTH PROFESSIONS 301 (WALTER E. BARTON & CHARLOTTE J. SANBORN eds. 1978).

45）　Alan Stone, *A Comment*, 132 AM. J. PSYCHIATRY 829, 830 (1975).

46）　Stone, *supra* note 40, at 18.

47）　*Id.*

48）　Stone, *supra* note 40, at 9-10.

49)　1956年には約56万人が州立精神科病院に収容されていたが，それ以降入院者数の減少が始まり，1990年には約 9 万9,000人になった。Fred E. Markowitz, *Mental Illness, Crime, and Violence: Risk, Context, and Social Control*, 16 AGGRESSION AND VIOLENT BEHAVIOR 36, 37 (2011). 2016年時点では 3 万7,679人にまで減少している。H. Richard Lamb & Linda E. Weinberger, *Understanding and Treating Offenders with Serious Mental Illness in Public Sector Mental Health*, 35 BEHAVIORAL SCIENCES AND THE LAW 303, 304 (2017).

50)　Clifford D. Stromberg & Alan A. Stone, *A Model Law on Civil Commitment of the Mentally Ill*, 20 HARV. J. LEGIS. 275, 278 (1983). ニューヨーク市だけで 4 万の精神障害者がホームレスとなって住んでいたという。

51)　Paula M. Ditton, *Mental Health and Treatment of Inmates and Probationers*, Bureau of Justice Statistics Special Report NCJ 174463, July (1999). 〈https://www.bjs.gov/content/pub/pdf/mhtip.pdf〉

52)　Alaska Stat. Ann. 47. 30. 915 (7) (B).

53)　Ariz. Rev. Stat. Ann. 36–501 (5) (b).

54)　John Snook & Kathryn Cohen, Civil Commitment Laws: A Survey of the States. 〔2014年 7 月21日公開〕〈https://acrobat.adobe.com/jp/ja/free-trial-download.html?promoid=2SLRC7QQ&mv=in-product&mv2=reader&DTProd=Reader&DTServLvl=SignedOut〉

55)　Iowa Code ＄229.1(15).

56)　Wisconsin's Fifth Standard Stat. Ann. ＄51.20(1)(a)(2)(e)F.

57)　Snook & Cohen, *supra* note 54.

58)　Joseph M. Livermore, Carl P. Malmquist & Paul E. Meehl, *On the Justifications for Civil Commitment*, 117 PA. L. REV. 75 (1968).

59)　Ferd, P. Mihm, *A Re-examination of the Validity of Our Sex Psychopath Statutes in the Light of Recent Appeal Cases and Experience*, 44 J. CRIM. L. & CRIMINOLOGY 716, 718 (1954).

60)　殺人・傷害の前科がある暴力団員が再犯の危険性が極めて高い場合でも，現実に犯罪を行わない限り彼を拘束することは許されていない。町野・前掲論文（注9）36-37頁。

61)　Stephen J. Morse, *Crazy Behavior*, 51 S. C. L. REV. 527, 630 (1974).

62)　Case Comment, *Wyatt v. Stickney and the Right of Civilly Committed Mental Patients to Adequate Treatment*, 86 HARV. L. REV. 1282, 1295 (1973).

63)　KENT S. MILLER, MANAGING MADNESS: THE CASE AGAINST CIVIL COMMITMENT (1976): Stephen J. Morse, *A Preference for Liberty: The Case Against Involuntary Commitment of the Mentally Disordered*, 70 CALIF. L. REV. 54 (1982)；ブルース・エニス（寺嶋正吾・石井毅訳）『精神医学の囚われ人──「精神病」法廷闘争の記録』（新泉社，1974年）288-297頁。

64)　Morse, *supra* note 63, at 59-61.

65)　町野朔「精神障害者の権利とは何か？」法と精神医療32号（2017年）56頁。

66)　同上論文57頁。

67)　MICHAEL L. PERLIN & HEATHER ELLIS CUCOLO, MENTAL DISABILITY LAW: CIVIL AND CRIMINAL Vol. 1, ch. 3, at 50 (3d ed. 2016).

68）ALEXANDER D. BROOKS, LAW, PSYCHIATRY AND THE MENTAL HEALTH SYSTEM 680-682 (Brown and Company, 1974).

69）Virginia A. Hiday, *Court Discretion: Application of the Dangerousness Standard in Civil Commitment*, 5 L & HUMAN BEHAVIOR 275, 276 (1981).

70）PERLIN & CUCOLO, *supra* note 67, at 51-53.

71）*Ib.* at 54.

72）Barefoot v. Estelle, 463 U.S. 880, 896-897 (1983).

73）Heller v. Doe, 509 U.S. 312, 324 (1993).

74）PERLIN & CUCOLO, *supra* note 67, at 68-72.

75）Markowitz, *supra* note 49, at 39.

76）大谷實『新版精神保健福祉法講義〔第3版〕』（成文堂，2017年）43-45頁。

77）町野・前掲論文（注65）56頁。

78）大谷・前掲書（注76）42頁。

79）町野・前掲論文（注65）46頁。

80）大谷・前掲書（注76）42頁。

81）町野・前掲論文（注65）57頁。

82）池原毅和『精神障害法』（三省堂，2011年）187頁。

83）横藤田誠「精神障害者の治療を受ける権利と裁判所」阪本昌成・村上武則編『人権の司法的救済』（有信堂，1990年）135頁以下参照。

84）参照，横藤田誠「医療保護入院の要件」甲斐克則・手嶋豊編『別冊ジュリスト　医事法判例百選〔第2版〕』（2014年）210-211頁。

85）ミル・前掲書（注38）29頁。

86）同上書154頁。

87）同上書25頁。

88）佐藤幸治『日本国憲法論』（成文堂，2011年）137頁。

89）池原・前掲書（注82）153頁。

90）同上書70頁。

91）エニス・前掲書（注63）292頁。

92）Thomas Gutheil, *In Search of True Freedom: Drug Refusal, Involuntary Medication, and "Rotting with Your Rights On"*, 137 AM. J. PSYCHIATRY 327 (1980).

93）Dora Klein, *Autonomy and Acute Psychosis: When Choices Collide*, 15 VA. J. SOC. POL'Y & L. 355, 391 (2008).

コラム②　本書執筆の契機——憲法研究者として

　高校生になり，周りがみんな健常者という私にとっては「異常」な環境である普通高校のクラスで，理不尽な劣等感に苦しんでいた私は，「すべて国民は，個人として尊重される」(13条)と謳う憲法の「基本的人権」に触れたとき，世界が少し変わって見えたような気がしました。人は生まれながら不可侵の権利を有する，個人は尊厳である，という人権の理念。それは私にとって，苦痛に満ちた現実を超える，等身大ではない「世界」との出会いでした。

　しかし，一方で疑問も抱きました。障害者など不利な立場にある人々にとって人権は希望の象徴であり，人権を切実に求めているけれど，それは本当に実現しているのだろうか。毎日のニュースに触れると，到底そうは思えなかったのです。それはなぜだろうか。これらの問いを抱えて，私は当初の志望学部を変更して法学を学ぶこととなりました。大学で法学・憲法を学んでわかったのは，人権は多数派の人間が作ったものという当たり前の事実です。だからこそ，マイノリティがそれを享受するには多大な困難が伴うのです。

　大学入学当初は，（当時は困難だった民間企業への就職は諦めて）試験に受かれば採用される公務員になろうと思っていましたが，4年になってから憲法研究への思いが俄然強くなり，大学院に進むことを決意しました。大学院進学後，恩師に言われたことがあります。研究テーマのことです。私は障害をもっているだけに，やはり障害者や福祉に関する研究をしたいと考えていました。恩師は，君がそういう研究をやりたいのはわかるが，周囲からは結論が見えてしまう面があるかも知れない，と忠告してくださいました。憲法論が運動論になってしまう恐れを指摘されたのだと思います。その種の研究もあっていいかも知れませんが，私はやはり，普遍的な，理論で勝負する憲法学を目指したいと思い，研究テーマやその方法の選択の際に，障害者である自分の思いを前面に出すことを意識的に避けてきました。

　「ホントの障害者」になった頃，研究者としての心境に大きな変化がありました。もうそろそろ障害者としての自分を出してもいいのではないか。私はやはり障害のある研究者であり，障害と切り離された自分は考えられないとの思いが強くなったのです。

　人権の理念に救われたという思いをもっていた私の心にずっと棘のように刺さっていたのが，精神障害者の法的状況でした。新しい科目を担当することになったのを機に，この問題をテーマにした授業を行うことを決めました。精神障害者の実情と彼・彼女らが直面する問題とそれに対する法と社会の対応をできるだけ正確に知ってもらい，人権の光と陰について深く考える機会を提供したいと考えました。そこから，人権の光が及んでいない他の不利な立場にある人々にも思いを致してほしいと思ったのです。

第 3 章

精神保健福祉法と人権[1]

　人は病気にかかったとき，自ら受診して場合によっては入院する。患者が退院したいと思えば，法的にそれを妨げることは誰にもできないはずだ。ところが，その病気が精神疾患であれば，事態は一変する。

　精神科医療制度には，他の医療にはみられない特徴がいくつもある。まず，精神保健及び精神障害者福祉に関する法律（以下，精神保健福祉法）は，患者本人の意思によらない入院形態（措置入院，緊急措置入院，医療保護入院，応急入院）を定めている。精神障害者のみを対象とする非自発入院が，憲法の保障する身体の自由，法の下の平等，居住・移転の自由，自己決定権等に対する一定の制約であるのは明らかである。これらの入院形態は憲法上許容されるだろうか。次に，保護者の制度は，精神科医療の特殊性を象徴する存在だった。保護者は，各種の法定の義務を負わされ，医療保護入院への同意も保護者の役割だった。未成年者を保護する親権者ならともかく，成人の患者の治療について他者が法的義務を負うという他に類のない制度であり，廃止論を含め長年激しく議論された末に，この制度は2013年の改正でようやく廃止された。この他，入院後の処遇についても，精神保健福祉法は行動制限を行う権限を病院管理者に与えている（通信の制限，隔離・身体的拘束）。これが精神科病院の閉鎖的体質を強めたとの反省のうえに立って，現在では，行動制限が許される場合を限定している。

　このような精神科医療の特殊性を不思議と思わない人の方が多いかもしれない。それはなぜだろうか。そこには，これまで幾度も指摘してきたように，精神疾患の患者は「病識がない」，あるいは「自他に対して危険だ」という拭いがたい観念がある。こういった認識が，長年精神科医療を身体疾患の医療から

明確に区別し，特別の原理で運用することを許してきたのである。第3章では，以上のような制度の許容性について，憲法を中心とした人権の観点から検討する。

1　関係する権利

　憲法上の権利のうち本章の検討に最も関わりが強いのは身体の自由である。日本国憲法は身体の自由そのもの（身体の安全・不可侵＝法定の正当な理由がない限りその身体を拘束されることのない権利）を明記していないが，[2] この自由はすべての自由の歴史的・物理的前提だから憲法はその保障を当然の前提としている。[3] 具体的には，憲法18条・31条・33〜39条により，そして補充的に包括的人権条項としての憲法13条（幸福追求権）によって保障されていると解されている。[4]

　刑事手続に関する基本条項である憲法31条は，「何人も，法律の定める手続によらなければ，その生命若しくは自由を奪はれ，又はその他の刑罰を科せられない」と定める。この規定は，手続・実体を法律で定めることにとどまらず，定められた手続が適正であること，さらには定められた内容（実体）が適正であることをも要求している，と一般に解されている。[5] 非刑事手続への憲法の手続保障（31条以下）の適用をめぐって争いがあるが，精神保健福祉法の定める非自発入院のように身体の自由を奪う刑事手続類似の行政手続については，適用（または準用）を認める傾向にある。[6] 行政手続の憲法的統制の根拠を憲法13条とする有力説もある。[7] したがって，憲法31条あるいは13条により，非自発入院等によって自由を制約する行為は，手続・実体とも「適正」であることが要求される。[8] ただ，留意しなければならないのは，行政手続の場合には，刑事手続ほど厳格な制約を及ぼす必要がないとされることだ。[9]

　身体の自由は非常に重要な権利ではあるが，文字通り絶対的な権利ではなく，一定の根拠によっては制約しうるものである。一般に，身体の自由の制約を正当化しうるのは，内在的制約原理（他者の自由権確保との調整のための必要最小限度の規制のみを認める。他者加害阻止原理）と自己加害阻止原理（人格的自律そ

のものを回復不可能なほど害する場合には，限定されたパターナリスティックな制約を認める）のみに服すると解されている[10]。したがって，その制約が許容されるためには，相当高度の正当化事由がなければならない。

　なお，自己加害阻止原理は，判断能力が十分でない人について妥当する「弱い自己加害阻止原理」と，判断能力が十分な人について妥当する「強い自己加害阻止原理」に大別されるとの見解がある[11]。精神障害者の強制医療に関して問題となるのは前者の場合がほとんどであろうが，「自傷のおそれ」による措置入院の合憲性を考えるにあたっては，後者によって正当化しうるか検討しなければならない（本章2（2））。

　強制医療システムが制約しうる権利としては，身体の自由の他にも，法の下の平等（14条1項），居住・移転の自由（22条1項），自己決定権（13条）等がある。このうち居住・移転の自由は経済的自由の側面とともに，自己の移動したいところに移動できるという意味で身体の自由，自由に居を定めて生活できることが人格形成・精神生活にとって決定的な意義をもつことから精神的自由としての性格をももつとされている[12]。したがって，経済的自由の制約について妥当する政策的制約原理（他者の自由権確保との調整のみならず広く制約を認める）に一般的に服すると解すべきではない。

　憲法以外に重要なものとして，市民的及び政治的権利に関する国際規約（以下，自由権規約）と障害者権利条約を挙げることができる[13]。自由権規約は，身体の自由および安全に対する権利，自由剥奪に関する適正手続の保障（9条），自由を奪われた者が人道的にかつ人間の尊厳を尊重して処遇されるべき旨（10条1）を定めている。これらは精神障害者の非自発入院などを直接の対象として明文で定めた規定ではないが，自由権規約委員会の一般的意見では精神障害者の自由剥奪，とりわけ非自発入院に適用されるとされている[14]。一般的意見に法的拘束力はないが，解釈基準として重要である。

　憲法や自由権規約が直接に障害者の自由剥奪について明示的に保護を定めたものではないこと，そして自由剥奪の典型例である刑事手続を想定して身体の自由を定めたものであることとは異なり，障害者権利条約は，障害者の自由剥奪に関する問題に，身体の自由という観点からだけでなく，非障害者との間の

自由保障の平等性や自己決定権の保障といった多角的な観点から光を当ててい
る。権利条約は，「障害者に対し，他の者との平等を基礎として」，「(a)身体の
自由及び安全についての権利を享有すること」および「(b)不法に又は恣意的に
自由を奪われないこと，いかなる自由の剥奪も法律に従って行われること及び
いかなる場合においても自由の剥奪が障害の存在によって正当化されないこ
と」（14条1），「障害者が生活のあらゆる側面において他の者との平等を基礎
として法的能力を享有すること」（12条2），「拷問又は残虐な，非人道的な若
しくは品位を傷つける取扱い若しくは刑罰を受けない」こと（15条1），「家庭
の内外におけるあらゆる形態の搾取，暴力及び虐待（性別に基づくものを含む。）
から障害者を保護する」こと（16条1），「他の者との平等を基礎として，その
心身がそのままの状態〔インテグリティ〕で尊重される権利」（17条）を保障
している。精神保健福祉法が定める各種制度・措置はこれらの権利を十分保障
しているだろうか。

2　入院形態

（1）任意入院

〔a〕任意入院制度の意義・概要

　任意入院とは，「本人の同意に基づいて」行われる精神障害者の入院のこと
で，精神保健福祉法は，精神科病院の管理者が「本人の同意に基づいて入院が
行われるように努めなければならない」（法20条）と定め，精神障害者を入院さ
せる場合，任意入院によるべく努力義務が課されている[16]。

　驚くべきことに，この任意入院は1987年改正ではじめて規定されたものであ
る。それまでは，患者が自分で入院を希望してもそれに対応する入院形態は
法律に規定されず，同意入院（現・医療保護入院）によるか，あるいは法律に規
定がない「自由入院」によっていた。日本精神病院協会（当時）の会員病院で
は，入院患者の平均6～10%が自由入院患者だと推定されていた[17]。ということ
は，ほとんどが本人の意思によらない入院だったということだ。「精神衛生法
における最も重大な欠陥は，患者が治療のために精神保健施設への入院を要請

することを認める明示の規定が欠落していることである」[18]という国連 NGO の指摘を受けて新設された任意入院制度は，精神科医療を一般の医療に可能なかぎり近づけようとするものであり，人権尊重を旨とする1987年改正の重要な果実である。しかし完全に自由なわけではなく，後述のように一定期間退院制限を許している。

　任意入院にあたって，精神科病院管理者は，退院や処遇改善の請求ができることを書面で知らせ，また，当該精神障害者から自ら入院する旨を記載した書面を受けなければならない（法21条 1 項）。

　入院中の処遇は開放的な環境での処遇（夜間を除いて病院の出入りが自由な処遇）となるはずだったが，任意入院制度新設当時から無断離院やそれに伴う事故の場合に病院の責任が問われることが懸念され，治療上必要な場合には開放処遇が制限されることがあった。その結果，閉鎖病棟で処遇される任意入院者が半数近くに及ぶという現実がみられたため，任意入院者は原則として開放処遇を受けるという取扱いになった（昭和63年 4 月 8 日厚生省告示第130号の2000年改正による「第五　任意入院者の開放処遇の制限について」の追加）[19]。開放処遇の制限は，そうしなければ医療・保護が著しく困難であると医師が判断する場合のみに行われる。具体的には，他の患者との人間関係を著しく損なうおそれ，自殺企図または自傷行為のおそれなどがある場合とされている（同上厚生省告示130号）。ところがその後も，任意入院者の開放処遇の制限は広く行われ，最近でも終日閉鎖処遇の任意入院者が半数以上にのぼっている。上記原則は適切に守られているのだろうか。

　任意入院者については，後述の措置入院等の場合とは異なり，都道府県知事に対する定期病状報告の制度がなかった。しかし，任意入院者の中にも長期入院者が相当数存在し，また，前述のように閉鎖病棟で処遇される者も多いという状況を踏まえると，任意入院者についても人権と適正な医療を確保する必要性は高い。そこで，2005年改正により，改善命令等を受けた精神科病院に1年以上入院または開放処遇の制限を受けている任意入院患者について，処遇の妥当性を精神医療審査会で審査できるように，都道府県知事が定期病状報告制度を条例で定めることができるようになった（法38条の 2 第 3 項）[20]。

図3-1　入院形態別在院患者数の推移（平成3年度～平成25年度）

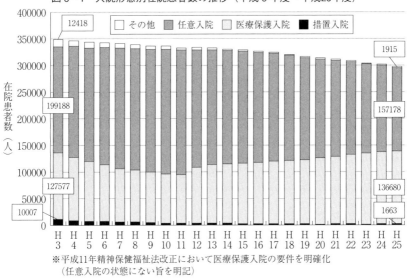

※平成11年精神保健福祉法改正において医療保護入院の要件を明確化
（任意入院の状態にない旨を明記）

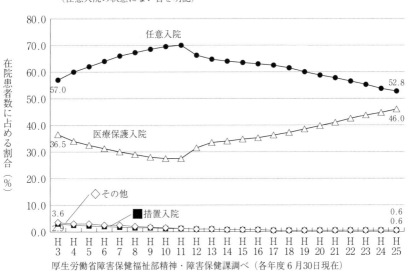

厚生労働省障害保健福祉部精神・障害保健課調べ（各年度6月30日現在）

出典：厚生労働省 HP〈https://www.mhlw.go.jp/file/05-Shingikai-12201000-Shakaiengokyokushougaihoken
fukushibu-Kikakuka/0000130959.pdf〉

　本人の同意に基づく任意入院は，人権を擁護する目的に仕えるのみならず，患者と医療者との治療関係を良好にし，治療や社会復帰を促進する[21]。また，「家族により強制的に入院させられた」として退院後の家族関係のトラブルを避けられるというメリットもある[22]。

　任意入院法定後，在院患者数に占める任意入院者の割合は年を追うごとに増加し，1999年には約7割に達した。しかし，その後は医療保護入院が増加傾向にあり，現在任意入院は5割弱となっている（図3-1）。

〔b〕退院制限

　任意入院者から退院の申出があったときは，病院管理者は退院させなければならない（法21条2項）。ただ，任意入院が他の診療科における入院と異なるのは，本人から退院の申出があっても，病院管理者が「指定医による診察の結果，当該任意入院者の医療及び保護のため入院を継続する必要があると認めたとき」は，最大72時間，退院を制限することができることである（法21条3項。緊急その他やむを得ない理由があるときは，指定医以外の医師の診察を経て最大12時間退院制限ができる。法21条4項）。多くの場合，医療保護入院に切り替えられることになる[23]。

　治療の継続性という観点から設けられた規定だが，本来患者が自発的に治療を受ける意思を尊重する入院形態であるので，一転して退院制限を行うことはその後の医師・患者関係を損なう恐れがあるため，退院制限条項はなるべく使わない方がよいとの主張が医療者からなされている[24]。「医療及び保護のため入院を継続する必要がある」という要件をいかに解するかについては，意見が分かれている。治療の継続性に着目した制度であることなどを踏まえると，非自発入院の要件を満たしていなくても退院制限は認められるとする見解がある一方で，通常医療保護入院に切り替えて入院が行われるので「医療及び保護のため入院の必要があると認めた」場合（法33条1項）に相当するものとして取り扱われるべきとするもの[26]，退院を求めているのに入院を継続させることは，過度のパターナリズムであり障害者権利条約の基本的立場に反するものであるとして，退院制限は，自己決定の支援を尽くしたにもかかわらず医療保護入院の実体要件を満たすに至った場合であって，家族等の同意を得る時間的余裕がな

い場合でなければならないと解する見解がある。[27] いずれにしても，退院の申出があった場合に一律に退院制限を行うことは許されない。[28]

〔c〕任意入院の基準

　任意入院の場合の「同意」は，入院契約のような民法上の法律行為としての同意とは必ずしも一致せず，「患者が自らの入院について積極的に拒んではいない状態」（昭和63年５月13日厚生省保健医療局精神保健課長通知）を含むものとされている。非強制という状態での入院を促進することに中心的意義があるとの考え方に立つものだという。[29] この基準の評価は，「積極的に拒んではいない状態」をいかに解するかによって異なる。「ノーと言わなければ同意した」と常に判定することには疑問を表明する見解が多く，[30] なかにはこの基準を端的に「不当である」[31] とするものもある。

　患者本人の同意による任意入院が入院の常道であることは確かだが，都道府県知事への定期病状報告等の義務がすべての場合にあるわけではないという手続的簡便さから任意入院が多用されるおそれもある。[32]「本人の同意に基づいて」とある以上，同意能力があることは前提とされなければならず，[33] また，少なくとも，全体の態度からみて「納得して」の入院である必要がある。[34] 消極的にではあっても入院に同意する意思が態度で示されることが必要であり，入院の勧めに対し本人は無言で応答しないような場合をも同意があったとみることは不当であろう。[35]

　なお，現在，長期任意入院者の病状を適切に確認するとともに，入院目的や退院できるかどうかを再確認するために，入院１年後，以降２年ごとに自筆による同意書の再提出を求め，同意の再確認を行う仕組みができている（平成12年３月30日障精第22号，厚生省大臣官房保健福祉部精神保健福祉課長通知）。[36]

（2）措置入院・緊急措置入院

〔a〕制度の概要

　精神保健福祉法は，患者本人の意思によらない入院形態（非自発入院）として，措置入院，緊急措置入院，医療保護入院，応急入院を定めている。

　措置入院は，「精神障害のために自身を傷つけ又は他人に害を及ぼすおそれ

がある」精神障害者を都道府県知事の権限で入院させる制度のことである。2
人以上の精神保健指定医の診察の結果，一致した意見として，①精神障害者で
あり，②自傷他害のおそれがあり，③医療および保護のために入院させなけれ
ばならないと認めたとき，都道府県知事は，国等の設置した精神科病院または
指定病院に入院させることができる（同29条1項・2項）。入院期間は法定され
ていない。「自傷」とは，自殺企図等自己の生命・身体を害する行為，「他害」
とは，殺人・傷害・暴行・性的問題行動・侮辱・器物破損・恐喝・窃盗・放
火・弄火等，他人の生命・身体・貞操・名誉・財産等または社会的法益等を害
する行為（原則として刑罰法令に触れる程度の行為をいう）であるとされる（昭和63
年4月8日厚生省告示125号）。ここに個人的法益の侵害のみならず，社会的法益
等を害する場合も含まれていることについて，「入院措置が人身の自由を制限
するものであることにかんがみ，その認定に当たっては実質的な法益侵害の性
格と程度……を慎重に配慮すべき[37]」とされている。

　2人以上の精神保健指定医の診察が一致するとの手続的要件が「適正」であ
るか検討を要する。患者の人権擁護のための手続的要件としては，他に，知事
は本人に措置入院をさせる旨や退院請求等について書面で告知しなければなら
ず（法29条3項），措置入院者を入院させている病院の管理者は，入院後3か月
目とその後の6か月ごとに定期病状報告書を提出し（法38条の2第1項），精神
医療審査会の審査を受けなければならない（法38条の3第1項）。また，指定医
の診察を経て，自傷他害のおそれがなくなれば，退院させなければならない
（法29条の4）。

　都道府県に置かれる精神医療審査会（法12条）は，措置入院・医療保護入院
の必要性の審査（法38条の3第2項），患者・家族等が行う退院・処遇改善請求
（法38条の4）の審査（法38条の5第2項），という重要な役割を演ずる。この審
査の結果を受けて，都道府県知事は退院や処遇改善に向けた動きをすることと
なる（法38条の3第4項，38条の5第5項）。

　緊急措置入院は，措置入院の手続を取ることができないほどの緊急性を有す
る場合に，「直ちに入院させなければ」自傷他害の「おそれが著しい[38]」精神障
害者を，指定医1人の診察により72時間以内に限って入院させることのできる

表3-1　入院形態別入院数の推移（1970～1993年）

	総数	措置入院	医療保護入院	任意入院	その他
1970	253,007	76,532（30.0%）	176,475（70.0%）		
1975	278,793	63,887（23.0%）	214,906（77.0%）		
1980	309,450	45,766（15.0%）	263,684（85.0%）		
1985	340,166	30,484（ 9.0%）	284,458（83.6%）		25,075
1987	342,146	21,815（ 6.4%）	286,734（83.8%）		33,593
1988	343,485	17,582（ 5.1%）	216,433（63.0%）	97,900（28.5%）	11,570
1989	346,400	15,042（ 4.3%）	165,685（47.8%）	152,536（44.0%）	13,137
1990	349,010	12,566（ 3.6%）	139,123（39.4%）	184,503（52.9%）	12,818
1991	349,196	10,013（ 2.9%）	127,577（36.5%）	199,188（57.0%）	12,418
1992	346,930	8,446（ 2.4%）	118,402（34.1%）	209,037（60.3%）	11,045
1993	343,926	7,223（ 2.1%）	112,230（32.6%）	213,974（62.2%）	10,499

出典：国際法律家委員会編『精神障害患者の人権』（明石書店，1996年）311頁より

手続（同29条の2第1項・3項）である。ライシャワー駐日大使傷害事件を契機に，1965年改正で新設された。

　なお，措置入院・緊急措置入院の費用は公費で負担する（都道府県が4分の1，国が4分の3）（同30条1項・2項）。都道府県知事は，措置入院者またはその扶養義務者が入院費用を負担することができると認めたときは，その費用の全部又は一部を徴収することができる（同31条1項）。

　措置入院は，1960年代に急増し1970年時点では全入院患者の3割を占めていたが，近年では1％以下と著しく減少している（表3-1，図3-1）。気になるのは，都道府県によってその人数が著しく異なることだ。2017年度末現在，和歌山県1人，秋田県2人であるのに対し，東京都184人，埼玉県112人となっている。[39]大都市圏と過疎地域の違い，精神科救急医療システムの整備状況や運用方針，申請・通報に対し措置診察不要とするかどうかの行政判断の違い，精神保健指定医が措置症状とするかどうかの微妙な判断の違いなどが原因と見られているが，[40]人口の違いを考えてもこの差は甚だしく，平等・公正な運用がなされているのか疑問なしとしない。

〔b〕措置入院制度の合憲性

（ⅰ）　措置入院の正当化根拠　　身体の自由等を制約することが明らかな措置入院には，強力な正当化根拠がなければならない。一般に，措置入院はポリス・パワー（警察権力）思想に基づき社会に及ぼす危険性を除去するための入院とされ，感染症の予防と同列に扱われて問題視されてこなかった（第2章2参照）。近年の学説のなかには，他害防止自体が本人の保護の一種であるから，措置入院の根拠を，パレンス・パトリエ（国親）思想に基づく「医療保護の必要性」に求める見解もある（第2章4参照）。

　前述のように（第2章3），アメリカにおいて非自発入院の憲法適合性を考察する際には，ポリス・パワー，パレンス・パトリエという国家権限の観点から強制的な医療介入の根拠・目的に着目することが有益な分析方法となる[41]。このような考察は，精神障害者の人権保障の難しさをリアルに考究するために重要な示唆を与えるものであり，だからこそ私もこの種の研究を重視してきた。しかし，日本では国家権限の性質の違いを前面に出して人権制約の是非を考察する方法が一般的とはいえないこと，日本国憲法が保障する人権の制約が許容されるかを解釈する場面で，正当化根拠としての国家権限の分析のみでは十分な解釈論的基盤とはならないこと[42]を踏まえると，より条文に密着した分析が求められる。

　長年措置入院の合憲性について疑問がもたれることはほとんどなかったが，一部では重要な指摘がなされていた。措置入院を社会防衛目的の制度としたうえで，その合理性は自明とされ疑われることがないが，実は多くの問題点があることを明らかにした研究がある[43]。措置入院は感染症予防のための強制医療とパラレルに理解されるのが常だったが，危険性の発現確率の違い，精神科医による危険性認定の困難性を考えると，そのような不確かな自傷他害の「おそれ」を根拠に人を拘禁することは許されない。仮に犯罪予測の的中率が50％だとして，真に危険な1人の患者の他害行為を防止するために実は危険ではない別人の自由を併せて迫害することが許されるか。また，まだ犯罪を行っていない精神障害者が将来犯罪を行う危険性があるという理由で拘禁できるとすることは，精神障害者でない危険な者であれば犯罪を行う前に拘束すること（予

防拘禁）が許されていないことと比較すると，法の下の平等（憲法14条）に反する。これに対する解答として考えられるのは，精神障害者には理性的な意思決定能力が欠けており，刑罰の事前威嚇による一般予防が困難であるという理由だが，危険な精神障害者が皆この能力を欠いているとはいえないから，措置入院対象者はそれを大きく超えているし，一般予防の効果が期待できないときにただちに事前規制がなしうるという考え方自体に重大な疑問がある。また，「自傷のおそれ」による措置入院については，予防拘禁の根拠の薄弱性など同様の問題点に加え，（他人に対する危害ではなく）自身に対する危害防止のための医療介入には別の根拠づけが必要となる。社会防衛目的の措置入院をもし維持するとしたなら，必要最低限度の人権制約でなければならず，防止されるべき害悪の限定，害悪発生の蓋然性の高度化，入院期間の限定，危険性認定の手続の充実が求められる。そのうえで，入院後に適切な治療を受ける権利が最低限認められなければならない。さらに，「治療なき拘禁」は許されないから「医療を要する」ことを要件にしなければならない，というのである。

　ここで述べられたことは現在でもなお重要である。これを踏まえながら，憲法上の人権との適合性を検討してみよう。前述のように，身体の自由は内在的制約原理と自己加害阻止原理にのみ服することから，重要な正当化事由に基づく必要最小限度の制約であることが求められる。憲法31条（あるいは13条）から，自由を制約する場合には適正な手続および実体要件が求められる。さらに，31条により自由制約規定の明確性が求められる。したがって，他害行為防止のための事前の身体の自由制約が許されるためには，強力な正当化事由のための必要最小限度の制約でなければならず，しかもそれが法文から明確でなければならない。さらに，精神障害者のみの「予防拘禁」が法の下の平等（憲法14条）に反しないかも問われる。身体の自由等の基本的な権利に関して精神障害者とそれ以外の者に異なる取扱いをすることが許容されるかについては相当厳格な審査を要し，不均等取扱いの目的が重大であり，またその目的と制約の対象範囲に相当の関連性がなければならない。以上の視点から現行法の要件をみたとき，実体要件としての①精神障害者，②自傷他害のおそれ，③医療・保護のための入院の必要性，は憲法に適合するだろうか。

（ii）　要件①精神障害者　　実体要件①について，精神保健福祉法は，「精神疾患を有する者」という医学的概念で規定し，その例示として「統合失調症，精神作用物質による急性中毒又はその依存症，知的障害，精神病質」を挙げている（法 5 条）。本条の定義はこの法律でいう精神障害者の外延であり，個々の制度（例えば措置入院）の対象となる精神障害者の範囲は各制度の趣旨によって要件が加わるものとされている[44]。これに対しては，非自発的入院の対象と精神保健福祉の対象を一元的に精神障害者というカテゴリーで括るのは無理があり，現状を反映した二元的な定義にすべきとの医療者の見解がある[45]。

（iii）　要件②自傷他害のおそれ　　かつては，「自傷他害のおそれ」についての判断基準は，法規定上の基準ではなく運用上の基準にとどまっていた。この場合，条文自体から対象者が同定されるか疑問であり，明確性の要件に反し，漠然性または過度の広汎性故に無効となるのではないかと指摘されていた[46]。1987年改正によって，「自傷他害のおそれ」の判断基準が厚生労働省告示により明定された（法28条の 2 ，昭和63年 4 月 8 日厚生省告示125号）。それによれば，「原因となる主な精神障害の例示」と「病状又は状態像」，「自傷行為又は他害行為のおそれの認定に関する事項」にわけて類型を示したうえで，「自殺企図等，自己の生命，身体を害する行為（以下「自傷行為」という。）又は殺人，傷害，暴行，性的問題行動，侮辱，器物破損，強盗，恐喝，窃盗，詐欺，放火，弄火等他の者の生命，身体，貞操，名誉，財産等又は社会的法益等に害を及ぼす行為（以下「他害行為」といい，原則として刑罰法令に触れる程度の行為をいう。）を引き起こすおそれがあると認めた場合」とされている。この仕組みは，精神障害（例えば統合失調症という診断）と自傷他害のおそれを直結させず，変化しうる具体的な病状・状態像を中間項に入れて自傷他害行為との関連性を具体的に判定するもので，入院判断の適否を判定するうえで重要であるとされる[47]。

　自傷他害のおそれという要件の合憲性は「自傷」と「他害」に分けて考察しなければならない。「他害のおそれ」による措置入院が内在的制約原理（他者加害阻止原理）に基づいて正当化される場合はありえようが，「おそれ」による自由の事前規制であることからすれば，そこには厳格な正当化事由が求められる[48]。したがって，「他害」の内容は他者の生命・健康に対する危害に限定さ

れ，告示にいう「名誉，財産」や「社会的法益」に対する危害を含まないと解すべきであろう[49]。

　措置入院の実体要件で最も議論を呼ぶのは「おそれ」の評価である。精神障害者が刑法犯に占める割合は小さいことが明らかであり，精神障害者が一般に危険であるとはいえないこと，危険性の予測は偶然よりも不正確であり信頼できないこと（第2章5（1）参照）から，単なる「おそれ」のみの要件は正当化されないという見解が以前からあった[50]。前述のように（第2章3），アメリカでは，「将来の行為を予測する試みは常に難しく，そのような予測に基づく収容は常に疑いをもって見られねばならない」（ウィスコンシン州東部地区連邦地裁によるレサード判決〔1972年〕）という認識に基づいて，「自他の身体に対する切迫した危険」の立証に「最近の明白危険行動」の認定を要するという州法が増えた。日本でも，「おそれ」の程度は厳格に解されるべきであり，抽象的危険では足らず，具体的危険の存在ないし他害行為発生の蓋然性が実質的であることを要すると主張された[51]。何らかの方法で「おそれ」の判定を緻密化するように厳格に解釈しなければ，適正な実体要件とはいえないだろう。これに対しては，「自傷他害のおそれ」の判定は，「将来の危険な行為の予測」ではなく「現在の危険性の認知」，すなわち，「今にも〜しそうだ」という認知であり，それであれば精神科医による判定は可能だとの見解がある[52]。

　「自傷のおそれ」による措置入院は自己加害阻止原理に基づいて制約されうるが，判断能力のある者についても自由の制約が正当化される「強い」自己加害阻止原理の適用の余地がある「自傷のおそれ」は存在するだろうか[53]。自殺既遂者の大部分に病理性がみられる[54]という現状から，自殺の防止のための医療の強制はこれに当たると思われる。ただ，それはあくまでも一時的な自由制約にとどまるべきであり，長期的な制約は許されないだろう。自殺以外の自傷行為を理由とする措置入院が同等に正当化されるかは疑問であるが，前述のように（第2章3（3）），アメリカにおいて州法に非自発入院の実体要件として規定される，「食物，衣服，または住居に対する基本的ニーズをまかなうことのできない状態」（1967年カリフォルニア州法）を意味する「重度障害」は，自傷行為に近いものと思われる。

(ⅳ)　要件③医療・保護のための入院の必要性　　身体の自由の制約を正当化するために措置入院の実体要件を厳格にする（あるいはそのように解釈する）というアメリカ方式（第2章3（3））は，しかし，意見の対立を終息させなかった。まず，「自傷他害のおそれ」に対応するという保安目的のみによって，精神障害者に対してのみ身体の自由の事前抑制的な措置を取ることは，過少包摂（正当な立法目的に照らして，同様の状況にある者の一部しか適用対象とされていないこと）であり，憲法14条の平等原則に違反しないかが問われる。これを正当化するためには，保安目的だけではなく別の目的が要求され，それが，実体要件の③医療・保護のための入院の必要性だというのである。その場合の人権制約の正当化原理は自己加害阻止原理ということになる。有力な学説は，危険性予測の困難性等を理由にポリス・パワーによる非自発入院は根拠薄弱であるとし，非自発入院を医療保護目的に限定すべきとする。この場合，「他害」を要件とする措置入院についても，他害行為を行えば精神障害者は法律上・社会上不利益を被ることになるので，それを防止すること自体が精神障害者の利益を守るゆえんであり保護にあたるから，これもパレンス・パトリエに立脚すると捉える。この学説が強制医療の根拠を憲法25条の生存権（および13条の幸福追求権）としていることには同意できないが（第2章5（2）参照），「自傷他害のおそれ」のみでは身体の自由等の権利の制約が正当化されず，入院による治療の必要性という正当化根拠が必要であるとする問題意識は重要であると思われる。

　しかも，身体の自由等の基本的な権利に関する不均等取扱いが平等原則の下で許容されるためには，制約の目的が重大であり，またその目的と制約の対象範囲や手段との間に相当の関連性がなければならない。したがって，措置入院以外の適切な医療・保護手段が存在しないこと，および，患者が適切な医療を受ける機会を提供しなければならない，という要件が導かれる。さらに，身体の自由等や平等原則から，以上のような実体要件が継続していることを判断するための定期的な審査を行う義務が帰結される。病院管理者が定期病状報告書を提出し，精神医療審査会が定期的に審査するという現行制度は，この義務を具体化したものである。

　治療の提供が精神障害者のみの身体の自由の事前制約を正当化しうるとしても，もうひとつ考えなければならないことがある。自己加害阻止原理に基づく自由制約が許容されるためには，措置入院の対象者についても，後述の医療保護入院の場合と同様に，入院に関する同意能力が欠如している者に限定しなければならないことにならないだろうか。あるいは，「自傷他害のおそれ」というもうひとつの要件と合わせることにより「強い」自己加害阻止原理に基づいて正当化しうるとみることができるだろうか。[60]

　以上のように，措置入院制度が合憲であることは自明であるわけではなく，現行規定を合憲的に限定解釈するとともに，後述の手続要件を厳守することによってようやく合憲としうるものであることに留意しなければならない。

　(ⅴ)　手続要件　　非自発入院に関する日米の法制度の相違として最も際立つのが，入院手続についてである。例えば，カリフォルニア州法（Lanterman-Petris-Short Act）[61]では，強制入院の要件に該当すると思われる者を，まず診断・治療のため72時間に限って拘束することが許される。次にその者が入院基準に合致する場合，14日間の集中治療が認められる。さらにその後，180日を限度とする入院を強制するためには，患者に弁護人選任権や証人尋問権などを与えたうえで，裁判所で審問を開かなければならない。それぞれの過程で極めて詳細な規定がなされている。また，前述の連邦下級審判決（レサード判決，1972年）は，将来の危険行動の予測は難しいから（精神科医の証言ではなく）過去の行為に基づいて認定すること（明白危険行動の要件）を憲法上の要件とし，非自発入院に伴う多大な権利喪失やスティグマを考慮すると刑事手続と同等の手続的保障が憲法上要求されるとした（第2章3（3））。

　このような動向をみると，アメリカでは刑事手続とかなり接近した手続保障がなされているように思われるが，実はアメリカにおいてもこの点をめぐって試行錯誤の歴史がある。強制入院手続を合憲とするために，刑事手続と同等の保障が要求されるかという点について，連邦下級審の判例では肯定するものもみられたが（前述のレサード判決等），連邦最高裁は，1979年のアディントン判決において，強制入院手続と刑事手続には，次のような質的な相違があると指摘した。[62]①強制入院に関わる州の権能は懲罰の意味をもたない。②誤った入院

が誤った有罪判決と同様に望ましくないのは事実であるが，専門家の審査・観察や家族・友人の関心が緩衝装置となって，誤って収容された場合でも救われうる。③「真犯人に有罪を宣告し損なうことに比べれば，正真正銘精神疾患にかかっている者を放免することがその人にとって悪い話ではないというのは，正しくない。重篤な精神疾患に罹患し治療を必要としている者は完全には自由でないし，スティグマから免れてもいない。……したがって，精神障害者が『自由になる』方が，精神的に正常な者が収容されるよりもはるかによいということはできない」[63]。④入院手続は犯罪を行ったか否かという単純な事実問題ではなく，確実性が足らず，誤りを避け難い精神医学的判断に関わる。そもそも，刑事事件での事実認定が特定的な，認識可能な事実に向けられたものであるのに対して，強制入院手続に関わる精神科診断は，「主観的な分析から引き出され，診断者の経験によって濾過された医学的な『印象（impressions）』に基づく」[64]部分が大きい。精神科医が特定の患者について明確な結論を出すことは極めて困難である。

　このようにして，連邦最高裁は，「強制入院の刑事手続化」の傾向にブレーキをかけ，強制入院における手続の簡略化を合憲と判断したのである。ここには手続的権利保障の困難性が垣間みえる[65]。憲法が求める手続的保障の内容は固定的なものではなく，問題の性質によって変わりうると解する以上，手続の憲法的評価をする際には何らかの利益衡量をせざるを得ない。とりわけ非自発入院手続の場合には，通常の法律問題には存在しない特有の考慮事項がある。入院手続に関して考慮すべき要素として，①誤った収容（railroading）をされない権利，②患者の医学的利益，③社会的利益，といったものが挙げられようが，このうち①と②とは二律背反の関係にある。つまり，誤った収容を避けようとして厳格な手続を採用すれば（主として法律家の立場），真の精神障害者に治療を提供することができないという悪影響がありうるのに対し，患者の医学的利益を第一に考えて手続を簡略化すれば（主として精神科医の立場），精神疾患でない者や実体要件に適合しない者を誤って収容する危険を生ずる。そこに③の社会の利益（例えば公共の秩序と安全の保持）が絡んでくるため，問題は一層複雑になる。1970年代の法改革以前のアメリカでは，いずれの要素を重視す

るかによって，入院決定が裁判所で行われなくても，入院後に司法審査や人身
保護請求手続で決定を争うことができれば合憲だとするものと，事前に裁判所
の審問を受ける機会がない限り違憲であるとするものに二分されていたのであ
る。[66]

　精神保健福祉法の措置入院では，２名以上の精神保健指定医が実体要件に合
致すると診断した者を都道府県知事の権限で入院させることができる。1987年
改正により入院時の権利告知規定や，病院管理者による定期病状報告を受けた
精神医療審査会による審査の仕組みが加えられている。前述のように，措置入
院等の非自発入院には憲法31条（13条）の適用（準用）があり，「適正」な手続
が求められるが，行政手続の場合には刑事手続ほど厳格な制約を及ぼす必要が
ないとされる（本章1参照）。措置入院の際の適正な手続要件とはいかなるもの
だろうか。

　学説のなかには，行政権の介在する非自発入院（措置入院，市町村長が同意す
る医療保護入院）については，入院を決定する機関は，裁判所ではないとして
も，公正な第三者機関による適正な手続によることが憲法上要請されていると
解する見解がある。[67]一方，事前手続保障よりも入院後の事後手続保障を厚く
し，当初の入院は短期間のものとして事後手続で入院が認められなければ直ち
に退院となるという仕組みのほうが医療介入の臨機性と権利保障を調和させる
ことができるとの見解もある。[68]精神保健指定医の診察に基づく都道府県知事の
決定，精神医療審査会による定期的審査といった現行手続はいかに評価される
だろうか。

　1987年改正以前のように，精神衛生鑑定医（当時）の診察に基づく都道府県
知事の決定のみというシステムは，国連 NGO である国際法律家委員会（ICJ）
と国際医療職専門委員会（ICHP）の合同調査団（1985年）が指摘するように，
不服申立ての機会が存在しない，患者の代弁をする独立の擁護者もない，独立
の定期的審査が存在しないといった問題点があり，人権が著しく侵害された。[69]

　現行法においても，事前手続としては精神保健指定医の診察とそれに基づく
知事の決定しか存在しない。身体の自由等の重要な人権が制約される非自発入
院の決定について（裁判所ではないにしても）公正な第三者機関による関与がな

いことは，憲法上重大な疑義がある。仮に行政手続たる措置入院手続に際しては第三者機関の関与が憲法上要求されないとの解釈をとったとしても，現行の手続には以下のような問題がある。措置入院の実体要件のうち①精神障害者であることについて精神保健指定医の判断によるのは合理的であろうが，②自傷他害のおそれについては，精神医学上法則性をもって判定可能であるか疑問であることからすると，指定医に決定的な役割を課することが妥当であろうか[70]。また，2人以上の指定医の診察の結果が一致する必要があるが（法29条2項），「診断結果が，措置入院要という点で一致したときに限る[71]」のは当然としても，診断名や病状・状態像，自傷他害のおそれの認定に関する記述という点に一致がみられず，ただ措置入院要という結論のみ一致しているときに，「その者が精神障害者であり，かつ，医療及び保護のために入院させなければその精神障害のために自身を傷つけ又は他人に害を及ぼすおそれがあると認めることについて，各指定医の診察の結果が一致した場合」に該当するとみることには疑問の余地がある。

　措置入院の手続要件の合憲性の帰趨を左右するものは，入院後の事後手続保障としての精神医療審査会制度の評価である。1987年改正前の精神衛生法においては，措置入院者等の退院請求や行動制限等の処遇に対する法的救済としては，行政不服審査・行政事件訴訟，人身保護法による救済などしかなかった。宇都宮病院事件発覚後，「逮捕又は抑留によって自由を奪われた者は，裁判所（court）がその抑留が合法的であるかどうかを決定する」と定める国際人権B規約（市民的及び政治的権利に関する国際規約）に反するとの批判が国内外からなされるようになり，87年改正で新たに設けられたのが精神医療審査会であった[72]。

　都道府県知事の下に置かれる行政組織である精神医療審査会が，B規約にいう"court"（司法裁判所に限らず独立した第三者機関であれば足りると解されている）に該当するかについて，厚生労働省は，措置入院等非自発入院者についての定期病状報告，退院請求等の全件について審査すること，審査結果に基づく都道府県知事が退院命令等の措置をとらねばならないことから，独立性が担保されているとしている[73]。しかし，審査会設置後も精神科病院の不祥事が続き，審査[74]

会の機能が十分に働いていない，行政機関から独立させるべき，委員構成に問題がある，人口等に応じた審査チーム体制と迅速な審査が必要であるなどの批判を受けて，1999年改正で5人以上15人以下としていた委員数の規定が削除され，2005年改正で委員構成の規定が改正されるなど，機能強化がなされている[75]。

　手続保障として最重要な問題は，国際法律家委員会（ICJ）と国際医療職専門委員会（ICHP）の合同調査団（1992年）が指摘するように，患者に「聴聞」の機会が提供されていないことだろう[76]。定期報告に対する審査にあたり，審査会は「必要があると求めるときは」患者に対して意見を求めることができ（法38条の3第3項），また，退院・処遇改善請求に対する審査にあたり，患者が請求者であればその意見を聴かなければならないが，審査会が聴く必要がないと認めたときはこの限りでない（法38条の5第3項）。つまり，いずれの場合も意見聴取が完全には義務づけられていない。しかも，意見聴取の方法は，2名以上の委員が合議体の審査に先立ってインタビューするものである（「精神医療審査会運営マニュアル」平成12年3月28日障第209号厚生省大臣官房障害保健福祉部長通知）。「聴聞」の機会を与えることは，憲法31条の基本的な保障内容であり[77]，この点は早急な改善が求められる。それに加えて，入院患者の人権を擁護するためには，行政や病院関係者以外の第三者機関が病院に訪問または常駐し，患者から直接権利侵害について相談に乗り，患者の立場で問題を処理する制度の創設が提唱されている[78]。

（3）医療保護入院・応急入院

〔a〕制度の経緯と概要

　医療保護入院はかつて「保護義務者の同意による入院」（同意入院）と呼ばれていた。宇都宮病院事件に衝撃を受けた国際法律家委員会（ICJ）など海外のNGOから様々な提言がなされたが，日本の精神科医から最も強い反発があったのは，同意入院を強制入院であるとする見方であったという[79]。保護義務者（当時）は患者のための最善の利益を図るものであり，その意味で任意入院に近い，と考えられていたのである。しかし，現実には，同意入院が極めて多

用され，入院の必要のない精神障害者が入院させられ，退院すべき入院患者の退院が許されず，病院内で労働を強制されるなど，精神病院における人権侵害のほとんどが同意入院に関して生じた，といわれる[80]。ようやく1987年改正により，本人の同意に基づかない強制入院であることを明確にするため名称を変えるとともに，後述のような種々の権利保障規定が創設された。

医療保護入院は，措置入院のような自傷他害を要件とする入院形態とは異なり，①精神障害者であり，②医療及び保護のため入院の必要がある者であって，③任意入院が行われる状態にないと判定されたものを，精神科病院の管理者が家族等（配偶者，親権者，扶養義務者，後見人・保佐人）のうちいずれかの者の同意（該当者がいない場合は，市町村長の同意）を得て入院させるもの（法33条1項1号・2項・3項）であり，応急入院は，家族等の同意が得られないほど緊急の場合に，「直ちに入院させなければその者の医療及び保護を図る上で著しく支障がある者」であって任意入院が行われる状態にない精神障害者を，応急病院指定精神科病院の管理者が，72時間以内に限って入院させる制度（法33条の7第1項1号）である。

1999年改正で，医療保護入院・応急入院のための移送の規定が新設された（34条1項・3項）[81]。それまでは，自傷他害のおそれまではないものの，病状が悪化しているのに，患者本人が入院の必要性を理解できないために結果的に入院が遅れて自傷他害の事態に至る場合や，困り果てた家族等の依頼を受けた民間警備会社が強制的に精神障害者を搬送する等患者の人権の観点から問題視される事例が発生していた[82]。そこで，上記①〜③の要件に合致する患者が家族等の説得にも応じることなく病院に行くことを拒む場合に，都道府県知事の権限で病院に移送できるというものである。医療保護入院のための移送制度の整備は遅れており，実際に運用されている都道府県はごく一部であるという[83]。

人権擁護のために，精神保健指定医による入院の必要性の診察（33条1項1号），病院管理者による病状等定期報告（38条の2第2項），精神医療審査会による入院の必要性の審査（38条の3），患者・保護者による退院・処遇改善の請求（38条の4），精神医療審査会による退院等請求の審査（38条の5）といった仕組みが備えられている（1987年改正による）。

　2013年改正により，精神科病院管理者に，医療保護入院者の退院後の生活環境に関する相談・指導を行う者（精神保健福祉士等）の設置，退院促進のための体制整備等が義務づけられている。

　医療保護入院が強制入院である点，家族等の同意は強制入院の積極的な根拠ではなく，指定医による判定があった場合に管理者が行う権限行使の消極的要件に過ぎない点に異論はないが，病院管理者の法的権限の根拠をどこに求めるか（契約か，公法上の義務か），要件を満たしているのに入院させないと管理者は義務違反で違法となるか，家族等に同意権が与えられる根拠は何か等，その法的性格は不明確である。このような入院形態は国際的にも珍しい[84]。

　医療保護入院はかつて入院者の85％に及ぶほど多数を占めていた（表3-1）。任意入院法定後減少して３割を切るまでになったが，医療保護入院の入院要件が明確化された（任意入院が行われる状態にないという要件を明記）1999年改正以降増加に転じ，現在では５割強となっている（図3-1）。

〔b〕「家族等」の同意

　医療保護入院は，入院の必要性があっても保護者の同意がなければ入院できないこと，保護者の同意がなければ退院できないという状況もあって入院が長期化しやすいこと，患者本人の意思に反した判断となるため患者と保護者の間にあつれきが生まれやすいことなどの制度的課題があった[85]。結局，保護者制度が廃止され，「家族等のうちのいずれかの者の同意」という形となった。精神保健指定医による判断だけで入院を認めることはインフォームド・コンセントの考え方からも問題があり[86]，また，精神障害者のその後の社会復帰にとって家族等の理解と協力が極めて重要だから，入院について完全に家族を排除する制度設計は適切でないともいわれる[87]。

　実は，2013年改正の前，医療保護入院制度の改正が議論され，当事者・家族，医療関係者，地域での実践者，有識者から成る「新たな地域精神保健医療体制の構築に向けた検討チーム」からは，精神保健指定医１名の判断による入院とする，本人の権利擁護のための仕組みとして，入院者の気持ちを代弁して病院などに伝える「代弁者（アドボケーター）」を選ぶことができることなどの見直し案があった[88]。結局，現行の「家族等」の同意という形になったが，これ

に対しては，検討チームのメンバーから，「従来の医療保護入院における家族の負担とその非合理性はまったく変わっておらず，しかも，『家族等』のうちの誰でも医療保護入院に同意しうるとされることによって，その負担を負う者は拡張される結果となっており」，「完全な逆コースであり，現在の精神医療福祉の矛盾をさらに拡大するもの」との批判がなされている。[89]

〔c〕医療保護入院の合憲性

（ⅰ）1990年東京地裁判決　　非自発入院の中でも同意入院（当時）は保護義務者の同意によって精神障害者を入院させることができる簡便な制度であるために，早くから濫用の危険性がいわれ，[90] 人権上の問題が最も多い同意入院は「むしろ廃止すべきである」[91] と述べる精神医学者もいた。国連 NGO からは，厳格な手続が回避されるとともに，患者と家族との間に痛ましい利益衝突が生じているとして，この制度を廃止し，対象を拡大した措置入院に一本化すべきとの提案もなされた。[92] しかし，多くの精神科医療関係者には，医療保護入院は「悪用された場合のセーフガードさえ整えば，臨床現場の柔軟性を損なわない優れた制度」[93] として重宝されていた。

　精神科病院における人権侵害事例の多くが同意入院（医療保護入院）に関して生じてきたにもかかわらず，その合憲性を問う試みはほとんどなされてこなかった。1990年の東京地裁判決はこの問いに取り組み，合憲の判断を下した（東京地判平成2年11月19日判時1396号95頁）。[94] 同意入院（現在の医療保護入院）が憲法13条（個人の尊厳，自己決定権）・14条（平等）・31条（適正手続の保障）・34条（身柄拘束の制限としての弁護人依頼権等）に違反するとの主張に対して，本判決は，同意入院が「人身の自由の剥奪」になりうるものであり，措置入院におけるような厳格な手続を欠き，「適正手続の保障の欠如等の重大な憲法上の疑義」のあることを認める。しかし，自己決定権侵害，平等原則違反に対しては，本人に病識がないなどのため，入院の必要性について適切な判断をすることができない場合があることを理由に合理性を認める。また，保護義務者の適正な同意権行使が，人身の自由剥奪，適正手続の欠如という欠陥を補う主要な手段であるとする。そのうえ，①この制度が法律に根拠を置くものであること，②保護義務者に対する入院理由の告知，③救済の途の整備（都道府県知事

の審査による退院命令，人身保護法による救済等），といった制度の仕組みに鑑みれば，憲法・国際人権規約に違反するものではないとする。

　しかし，これらの仕組みのみでこの制度を合憲と判断することには疑問がある。例えば，人身保護法による救済が認められるのは，適法に選任された保護義務者の同意がない事例（最判昭和37・4・12民集16巻4号833頁）のほかは，「被拘束者が精神障害者でありその医療および保護のため入院の必要があるとの診断に，一見明白な誤りがあると認められる場合」に限られるとされている（最判昭和46・5・25民集25巻3号435頁）。相次ぐ人権侵害事例を防止し得ず，また，行政争訟の活用等の事後の救済も困難であったがために，その後の改正によって指定医の診察や精神医療審査会の関与が規定されたという事実経過は，本判決の理由づけでは不十分であったことを示すものである。

　裁判所の判断の中核には，「他の疾病と異なり，精神障害においては，本人に病気であるとの認識がないなどのため，入院の必要性について本人が適切な判断をすることができず，自己の利益を守ることができない場合がある」との認識があり，本人の同意ではなく保護義務者（当時）の同意を要するとしたのは「専ら本人の利益」を厚く保護しようとしたものとして正当化したのである。しかし，本人に病識がなく，治療に関する判断能力がないという見方は正しいのだろうか。

　治療を提供するという目的だとしても，家族等の同意のみで治療を欲しない精神障害者に入院・治療を強制することがなぜ許されるのか。身体の自由等の制約を許容するいかなる正当化事由があるのかが問われなければならない。

　(ⅱ)　要件①精神障害者　　措置入院の場合と同じ要件であり，精神保健指定医の判断に委ねられる。この点が問題となった事例は少ないが，精神疾患のない者が医師を巻き込んだ親族の「共謀」により精神科病院に医療保護入院させられ，それが共同不法行為と認められたという特異な事例が存在する。この事例では，入院届に記載されている診断結果が根拠なしと裁判所に断定された。専門家による診断は，適正な入院の必要条件ではあっても十分条件ではないことを示している。

　(ⅲ)　要件②医療および保護のための入院の必要性　　法は「医療及び保護の

ため入院の必要がある」とするのみで，医師の裁量が広すぎるから，人権保障上，運用上の判断基準が明記される必要があると主張されてきたが，現在まだ基準は設けられていない[97]。裁判例のなかには，本人の意思に反して行う非自発入院の一態様であるから，「入院の必要性」の認定には，単に精神障害者であることのみにとどまらず，「妄想，幻覚あるいは強い興奮状態にあって，その結果危険な行動に出る可能性が窺われることも必要な要件と理解される」とするものがある（福岡地判平成4年12月15日判時1479号104頁）。

医療保護入院は「弱い」自己加害阻止原理によってのみ正当化しうるものであり，自由制約には厳格な審査基準が妥当する[98]。医療保護入院が合憲とされるためには，(ア)強制的な入院以外に代替的な医療・保護の手段が存在しない，(イ)患者が適切な医療を受ける機会を提供しなければならない，(ウ)入院の継続は実体要件が存続する限りで許容されることから，病院は患者が実体要件に引き続き合致しているか定期的に審査すべき義務を負う，(エ)患者の判断能力が不十分であることが認定されなければならない[99]。なお，措置入院の場合，「医療及び保護のために入院させなければ」（法29条1項）と，入院以外の代替方法がないことを明確化していたのに対し，「入院の必要がある」との表現からは入院の不可欠性までを求めていないようにもみえる。しかし，自己加害阻止原理による自由制約である以上，厳格に審査されなければならず，(ア)の要件は欠くことができない[100]。

(iv)　要件③任意入院が行われる状態にない　「任意入院が行われる状態にない」という要件については，同意能力の有無によって強制入院と任意入院とを区別しようとするものという見解がある一方で，能力の有無を分水嶺に任意入院と医療保護入院を区分することに否定的な見解もある[101][102]。判例の多くは，病識がないことをもってこの要件に該当すると判断している[103]。医療保護入院を合憲とするための要件(エ)患者の判断能力が不十分であることの認定は，この要件③からも導き出される。

(v)　手続要件　医療保護入院の手続要件は，実体要件を1名の精神保健指定医が認定すること，および，家族等の同意を得ることである。これらの要件は，憲法が求める「適正」な手続といえるだろうか。

　指定医の診察に関し，医療保護入院についても措置入院と同様に 2 人の指定医の診察による制度に変えるべきという見解と[104]，家族等の同意要件があるからそこまで厳格にする必要はないという意見がある[105]。

　家族等（かつての保護者）の同意要件は，強制入院としての医療保護入院の濫用を防止し精神障害者の権利擁護を図るものであり[106]，また，人身の自由剥奪，適正手続の欠如という欠陥を補う主要な手段であると位置づけられている（東京地判平成 2 年11月19日判時1396号95頁）。しかし，これまで医療保護入院（および前身の同意入院）に関する紛争の多くは保護者の同意をめぐって起きており，患者と家族との間に痛ましい利益衝突が生じている場合も少なくない[107]。このような実態からしても，患者と家族を葛藤関係に追いやることの多い医療保護入院にあって，家族の同意が患者の人権保障を確保する機能を果たしうるとは到底思えない。患者の人権擁護は，保護者の同意権ではなく，精神医療審査会の強化や患者の権利擁護者制度（前述の検討チームの「代弁者」など）の導入によって行うべきであろう[108]。

（4）障害者権利条約と非自発入院制度

　2014年に日本も批准した障害者権利条約は，非自発入院制度のあり方にもうひとつの光を当てている。同条約は，「身体の自由及び安全についての権利を享有する」（14条 1 項(a)），「いかなる場合においても自由の剥奪が障害の存在によって正当化されない」（14条 1 項(b)），「障害者が，他の者との平等を基礎として，居住地を選択し，及びどこで誰と生活する機会を有すること並びに特定の生活施設で生活する義務を負わないこと」（19条(a)），「地域社会における生活及び地域社会への包容を支援し，並びに地域社会からの孤立及び隔離を防止するために必要な……地域社会支援サービス……を障害者利用する機会を有すること」（19条(b)）と定めている。これらの規定は非自発入院制度を完全に否定したものではないが，従来の憲法によるもの以上の制約を入院制度に及ぼすものである。ある論者によれば，非自発入院が正当化されるためには，①客観的に必要不可欠な入院について自己決定支援を尽くしても判断能力が阻害されていること，②傷病が重篤で入院しなければ自己決定・自律性が永続的または長期

的に不可能になること，③自己決定・自律性の回復のための治療が入院による方法でしか行えないこと，④地域生活を保障し入院を回避するためのあらゆる合理的配慮が尽くされていること，その他の要件が必要であるとされる。[109]

3　精神科医療と家族——保護者制度

（1）精神科医療における家族の役割

　近年，医療の領域でも「自己決定権」という概念が浸透しつつあり，もはや無視することのできない法概念となっている。これまであまりにも軽視されてきた自己決定の理念が重視されなければならないのはいうまでもないけれども，一方で，自己決定を強調するだけですべての問題が解決するわけではないことにも注意が必要である。医療の利用者のなかには，本人が自己決定を行うことができない人々も無視できない割合で存在するし，また，できたとしても本人の自己決定に全面的に委ねることが適当でないケースもあるかも知れない。このような場合には，本人以外の誰かが本人に代わって本人のために選択・決定することを視野に入れなければならない。自己決定の要請とともにこの代行決定の要請をも考慮に入れなければならないのが，他の領域にも増して医療（特に精神科医療）の特質であるということができよう。

　同意能力を欠く患者に対する医療行為については，家族から同意を得るのが臨床上当然とされている。[110]判例は，家族や近親者の同意によって手術等を実施することを認めているし，[111]また，本人に同意能力がある場合でも，本人に対する病名告知や危険性の説明が困難な場合には，家族・近親者に説明し同意を得ることで医療行為が実施できるとしている。[112]しかし，このような場合になぜ家族に同意権が認められるのかは，実は必ずしも明らかにされていないのである。

　医療における代行決定の法理は，以上のように明確性を欠いている。これに対して，精神科医療の場合には，法はたちまち雄弁になる。精神保健福祉法は，医療に関する代行決定その他の役割を果たす者として「保護者」の制度を設けていた。すなわち，「保護者は，精神障害者……に治療を受けさせ，及び

精神障害者の財産上の利益を保護しなければならない」「保護者は，精神障害者の診断が正しく行われるよう医師に協力しなければならない」「保護者は，精神障害者に医療を受けさせるに当たつては，医師の指示に従わなければならない」（旧22条）と規定し，保護者として，後見人または保佐人・配偶者・親権者・扶養義務者・市区町村長を挙げていたのである（旧20条２項，旧21条）。保護者制度に様々な問題点があったことは後述するが，最も重要なのは，精神障害者について，幅広い代行決定権が保護者に委ねられていることである。この保護者はまた，医療保護入院について本人に代わって同意する権限をも与えられていた（旧33条１項）。このような保護義務の根拠は，精神障害者が「病識を欠き主体的に医療の利益を選択する能力を欠く」¹¹³⁾点に求められていたが，保護者が選任される精神障害者，または医療保護入院の対象となる精神障害者の判断能力の有無は，少なくとも法文上は問われていなかったのである。

　家族はなぜ患者本人に代わって同意できるのだろうか。患者本人の近くにいてその意思を推測できる立場にあること，患者死亡の場合に損害賠償請求できる立場にあること¹¹⁴⁾，患者の療養への協力と配慮をなしうる立場にあることなど¹¹⁵⁾の理由が挙げられるが，明確とはいえない。家族ということだけで本人に代わって同意できるということには疑問の声も多い。ある論者は，代行判断者の中で家族が最も危ないともいえる，と述べているほどだ。¹¹⁶⁾

　精神病者監護法以来，家族は精神障害者との関係で一定の役割を担う存在として規定されてきたが，継続的に同じ役割を期待されていたというわけではなく，家族に期待される役割は，次のように徐々に性質を変えていった。¹¹⁷⁾1900年精神病者監護法では，専ら治安維持および費用負担にあたる①監護者の役割であったものが，1950年精神衛生法では，監視・監督の役割に加えて，②精神科医療と患者のつなぎ役が期待されるようになった。その後，ライシャワー駐日アメリカ大使傷害事件を契機とする1965年改正精神衛生法では監視者としての役割が強化されるが，宇都宮病院事件後の1987年精神保健法では，新たに③精神障害者の権利擁護者の役割が期待されることとなった。もちろん，監視者としての役割や患者と医療とのつなぎ役は引き続き担っていた。精神障害者の社会復帰施策・福祉施策の充実を目指した1995年精神保健福祉法以降は，④患者

と社会資源とのつなぎ役をも期待されるようになった。その後，1999年改正で保護者の自傷他害防止監督義務が削除されても，監督者の役割は潜在的に課され続けていた。そしてついに，2013年改正で保護者制度は廃止された。しかし，権利擁護者の役割，そして患者と医療・福祉のつなぎ役としての役割は依然として期待され続けている。さらに，監督者としての役割もなくなってはいないようである。

　このように，家族は医療において数多くの，しかも多様な役割を果たすことが想定されている。患者にとって医療を受けるに当たって家族の存在がいかに大きいかを示すものであり，医療決定において家族が一定の役割を果たすことを支える根拠になるだろうが，これは反面では，患者と家族が利益相反の関係になりうることを示唆する。家族から種々の世話を受ける立場にある患者が家族と心理的に対等ではないという事態もありうるだろう。家族が同意権を行使するのは当然というわけにもいかないのである。

（2）保護者制度

　1950年に制定された精神衛生法は，私宅監置を廃止し，「精神障害者等の医療及び保護」を基本目的とし，それを強制入院によって行おうとした。ここで重要な役割を演じたのが「保護者」制度（1993年改正前は「保護義務者」）であった。この制度は，「精神障害者がその疾病の特性から病識を欠き医療を受ける機会を逸すること等があるため，その人権を尊重し利益を擁護するという観点から，身近にあって精神障害者に対して適切な医療と保護の機会を提供する役割を果たす者を配することが必要」¹¹⁸⁾であるという考えにより規定されており，一般的に精神障害者本人の適切な医療保護を保障することが目的とされていた。1999年改正前の保護者の義務は次の通りであった。¹¹⁹⁾

〔a〕精神障害者に治療を受けさせる義務

　これは，特に医療保護入院の際の同意について，本人の利益を考慮して治療を行わせることを意味する。身柄を拘束して治療を強制することまでは含まれない。

〔b〕自傷他害防止監督義務

　症状の悪化した精神障害者に治療を受けさせることだが，実質的には〔a〕と同じことになる。1950年の精神衛生法制定時は，自傷他害のおそれのある精神障害者に対する措置として，精神病院に入院させる以外に，保護者に保護拘束の権限が認められており，一方保護者は保護拘束中の者が行方不明となった場合に警察署長に届け出て探索を求めることが義務づけられていた。このような規定が廃止された後は，保護者が自傷他害防止監督義務を果たすためには，適切に治療につなげることしかできなかった。

　ただ，この義務は，民法714条（監督義務者の責任）とつながるという意味で極めて大きな役割を果たしてきた。判例の傾向を総合すると，専門家により精神障害の診断がなされている者が，①現在明らかに危険が切迫した状態にある，②著しい病的状態が認められる，③過去にも同様の状態があった，のいずれかの状態があるにもかかわらず，医師との連絡や相談，警察や保健所等への連絡といった実行可能な対応行動をとらなかった場合には，本人が他害行為を行ったときに保護者の監督責任を肯定している[120]。ただし，後述のように，現在この義務は削除されているが，保護者の監督義務者としての責任がなくなったわけではないと解されている。

〔c〕財産上の利益保護義務

　代理権や取消権をもたない保護者ができるのは，身の回りの財産の保管といった事実上の行為のみだから，成年後見制度による方が適当である。

〔d〕診断が正しく行われるよう医師に協力する義務

　診断が正しく行われるよう必要な情報提供等を行うもので，現在でも重要であるが，法律に規定しなければならないものかどうかは議論の余地がある。

〔e〕医療を受けさせるにあたって医師の指示に従う義務

　入院患者の治療について医師の指示に従う。特に，退院や仮退院の際の引き取り義務や，仮退院患者の医療等についての指示を一般的に規定するものと解されていた。

〔f〕（措置入院者について）退院，仮退院時における引取義務

　現実に自宅に引き取らなければならないわけではなく，例えば別の入院形態

（医療保護入院）に移行して医療を受けさせるという選択肢もある。このような義務を法律上の義務としなくても，積極的に面倒をみようという保護者ならすすんで引き取るであろうし，他方，保護者のなかには引き取りに消極的な者や実際上面倒をみることができない者がおり（保護者の高齢化に伴い，保護者の義務のうちこれが最も忌避されている），このような者に引き取り義務を課しても障害者本人のためにならないであろう。[121]また，保護者が後見人・保佐人でない場合（特に扶養義務者），ここまでの義務を課す根拠があるのか疑問が呈されていた。

　これらの他，医療保護入院においては，保護者は精神障害者本人の意思に反して，その入院に同意する権限が与えられていた。このような場合，保護者と精神障害者の立場は対立する。後述（本節（3））の聞き取り調査でも，精神科医師・看護師から，この入院形態が家族関係の悪化につながることが指摘されていた。つまり，本来精神障害者の人権を守る立場のはずの家族が，保護者となることで逆に本人の人権を侵害しかねないという事態になり，精神障害者と家族の間で大きな葛藤を生み出す要因になってしまうのである。さらに，優生保護法の残っていた当時では，優生手術（不妊手術）の同意権，中絶同意権も保護者に認められていた。

　精神保健福祉法の1999年改正は，保護者の義務を軽減した。自傷他害防止監督義務を廃止したほか，保護者の義務の対象から任意入院患者・通院患者を明示的に除外する改正がなされた。「診断が正しく行われるよう医師に協力する」義務（22条2項）は，患者の治療に関する意思とは無関係な，保護者自身に課せられた義務だから除外しないこととされた。

　保護者制度をめぐっては，家族の負担が大きすぎるのではないか，精神障害者本人と家族の利害が対立している場合の問題もあるのではないかなどの議論があった。全国精神障害者家族会連合会（全家連。2007年解散）は保護者制度撤廃を訴えて活動してきたが，全家連常務理事であった弁護士・池原毅和氏は，法改正に向けての意見書のなかで以下のように述べている。[122]保護者となっている者は，約8割が親で，65歳以上が4割以上，70歳以上が約3割に達しており，年収300万円未満の人が約3割，健康状態が良好でない人も多く見られる。これらの人々は，むしろ高齢者施策で支えられるべきであり，現状では精

の脅威にどう対処すべきか
●東アジアの非核化と安全保障
秋山達治郎・広瀬 訓・藤原帰一 編 3200円

和をめぐる14の論点　日本平和学会 編
●平和研究が問い続けること 2300円

現代地域政策学　入谷貴夫 5300円
●動態的で補完的な内発的発展の創造

グローバリゼーション下のイギリス経済
●EU離脱に至る資本蓄積と労働過程の変化
櫻井幸男 5200円

生活リスクマネジメントのデザイン
●リスクコントロールと保険の基本
亀井克之 2000円

社会学／社会一般／社会保障・社会福祉／教育

変化を生きながら変化を創る 4000円
●新しい社会変動論への試み 北野雄士 編

在日朝鮮人アイデンティティの変容と揺らぎ
●「民族」の想像／創造 鄭 栄鎭 4900円

教養のためのセクシュアリティ・スタディーズ
風間 孝・河口和也・守 如子・赤枝香奈子 2500円

人口減少を乗り越える　藤本健太郎
●縦割りを脱し、市民と共に地域に挑む 3200円

貧困の社会構造分析
●なぜフィリピンは貧困を克服できないのか
太田和宏 5500円

日常のなかの「フツー」を問いなおす
●現代社会の差別・抑圧
植上一希・伊藤亜希子 編 2500円

テキストブック 生命倫理
霜田 求 編 2300円

協働型社会と地域生涯学習支援
今西幸蔵 7400円

新・保育環境評価スケール②〈0・1・2歳〉
T.ハームス 他／埋橋玲子 訳 1900円

新・保育環境評価スケール③〈考える力〉
C.シルバー 他／平林 祥・埋橋玲子 訳 1900円

新時代のキャリア教育と職業指導
●免許法改定に対応して 2200円
佐藤史人・伊藤一雄・佐々木英一・堀内達夫 編著

改訂版

ローディバイス法学入門〔第2版〕
三枝 有・鈴木 晃 2400円

資料で考える憲法
谷口真由美 編 2600円

いま日本国憲法は〔第6版〕●原点からの検証
小林 武・石埼 学編 3000円

家族法の道案内
川村隆子 著 2600円

テキストブック 法と国際社会〔第2版〕
德川信治・西村智朗 編著 2300円

国際法入門〔第2版〕●逆から学ぶ
山形英郎 編 2700円

レクチャー国際取引法〔第2版〕
松岡 博 編 3000円

18歳から考えるワークルール〔第2版〕
道幸哲也・加藤智章・國武英生 編 2300円

労働法Ⅱ〔第3版〕●個別的労働関係法
吉田美喜夫・名古道功・根本 到 編 3700円

18歳からはじめる環境法〔第2版〕
大塚 直 編 2300円

新版 日本政治ガイドブック●民主主義入門
村上 弘 2400円

新版 はじめての環境学
北川秀樹・増田啓子 2900円

新・初めての社会保障論〔第2版〕
古橋エツ子 編 2300円

法律文化社
出版案内
2019年版

■ 新テキストシリーズ登場！

ユーリカ民法　田井義信 監修
2 物権・担保物権 渡邊博己 編 2500円
3 債権総論・契約総論
上田誠一郎 編 2700円
4 債権各論 手嶋 豊 編 2900円
【続刊】 1 民法入門・総則
2 親族・相続

スタンダード商法
Ⅰ 商法総則・商行為法
北村雅史 編 2500円
Ⅴ 商法入門 髙橋英治 編 2200円
【続刊】 Ⅱ 会社法 Ⅲ 保険法
Ⅳ 金融商品取引法

■ ベストセラー

憲法ガールⅡ
大島義則 2300円
小説形式で司法試験論文
式問題の解き方を指南。

憲法ガール Remake Edition
大島義則 2500円
2013年刊のリメイク版！

好評シリーズのリニューアル

新プリメール民法 2500〜2800円
1 民法入門・総則
2 物権・担保物権法
3 債権総論
4 債権各論
5 家族法

新ハイブリッド民法 3000〜3100円
1 民法総則
3 債権総論
4 債権各論
【順次改訂】
2 物権・担保物権法
5 家族法

法律文化社　〒603-8053 京都市北区上賀茂岩ヶ垣内町71 ☎075(791)7131 ℻075(721)8400
URL:http://www.hou-bun.com/　◎本体価格(税抜)

—社会の事象を検証する—

◆法学の視点から

18歳から考える家族と法　2300円
〔〈18歳から〉シリーズ〕

二宮周平

ライフステージの具体的事例を設け、社会のあり方を捉えなおす観点から家族と法の関係を学ぶ。

◆政治学関係の視点から

デモクラシーとセキュリティ　3900円
グローバル化時代の政治を問い直す

杉田 敦 編

境界線の再強化、テロリズム、日本の安保法制・代議制民主主義の機能不全など政治の諸相を深く分析。

◆平和学の視点から

沖縄平和論のアジェンダ　2500円
怒りを力にする視座と方法

星野英一・島袋 純・高良鉄美・阿部小涼・里井洋一・山口剛史

平和と正義を手に入れるための方途を探る、沖縄発「平和論」。

◆社会学の視点から

アニメ聖地巡礼の観光社会学　2800円
コンテンツツーリズムのメディア・コミュニケーション分析

岡本 健

国内外で注目を集めるアニメ聖地巡礼の起源・実態・機能を、聖地巡礼研究の第一人者が分析。

◆社会保障の視点から

貧困と生活困窮者支援　3000円
ソーシャルワークの新展開

埋橋孝文
同志社大学社会福祉教育・研究支援センター 編

相談援助活動の原点を探り、研究者が論点・争点をまとめ、理論と実践の好循環をめざす。

神障害者に対し十分な援助を与えることは不可能になってきている。

　保護者がその義務を果たすべきときは，治療に拒否的な精神障害者を保護者の同意により入院させる医療保護入院の場合がほとんどである。この際，患者と保護者である家族との間には対立関係および葛藤関係が生まれ，精神障害者と家族の心の健康に大きなマイナスの影響を与えることになる。精神科以外の他科における入院については，保護者などを定めることなく治療関係を結んでいる。精神科においても，ほとんどの患者は自主的な治療に結びつけることが可能であり，保護者をつけるとしても自主的に治療に結びつきにくい一部の患者のみでよいはずである。医療機関と患者・家族の関係は，他科と同じような関係で結べばよいのである。保護者を定めて強制的に精神医療に結びつけることは，精神障害者の自己決定能力を過小評価することになりかねないのではないか。

　治療に拒否的な患者に対しては，患者と家族の葛藤関係を深めてしまうような医療保護入院制度ではなく，受診の導入制度および医療導入入院制度の新設を提案する。受診の導入は，判断能力が低下し治療の必要性を自分では理解できない患者について，専門知識と経験をもった専門家による介入の要件を法律で定め，その専門家の判断で搬送することで治療に結びつけるという制度である。医療導入入院は，指定医 2 人の一致した判断で入院を決める入院形態で，家族が入院の成否について決定的な立場に立つことがなく，家族と患者が敵対関係や葛藤関係になることをなくすことができる。

　保護者制度がなくなると，精神障害者が他害行為をしてしまった場合に誰が責任をとるのかという議論もあるが，自傷他害防止監督義務を課してきた保護者制度があるからこそ，精神障害者は危険であるという間違った偏見を育てる要因になったのである。実際に精神障害によって他害行為に及んでしまう者はごくわずかで，そのわずかな者のためにすべての精神障害者に保護者をつけ自傷他害防止監督義務を課すのは，不必要な負担を家族に負わせているに過ぎない。このような責任を家族に負わせることにより，精神障害者に対し警戒的になり，その地域生活や社会復帰に消極的になってしまう可能性もある。事件が起きた場合，資産のない保護者（家族）に高額の損害賠償を請求し，被害の賠

償ができないこともありうる。本当に被害者の救済を考えるのであれば，自動
車事故の自賠責保険のような公的な補償制度をつくることが必要ではないだろ
うか。

　このような全家連からの保護者制度撤廃の意見に対し，政府はどのように考
えていたのだろうか。行政解釈では，「精神障害者がその疾病の特性から病識
を欠き医療を受ける機会を逸すること等があるため，その人権を尊重し利益を
擁護するという観点から，身近にあって精神障害者に対して適切な医療と保護
の機会を提供する役割を果たす者を配することが必要」と，精神障害者の権利
保護および適切な医療保護のための制度であることを強調していた。しかし，
全家連も指摘しているように，精神障害者の身近にいる家族が，病識がなく治
療を拒否する精神障害者に対して強制的に医療に結びつけようとするとき，精
神障害者と家族の間に大きな葛藤がうまれるのは，容易に予測できることであ
ろう。精神障害者と家族の間に葛藤関係が生まれるような制度の仕組みは，真
に精神障害者本人の人間としての尊厳を守り，適切な医療に結びつけることが
できるものであるとは思えない。

　ついに，2013年の精神保健福祉法改正で保護者制度は廃止された。「主に家
族がなる保護者には，精神障害者に治療を受けさせる義務等が課されている
が，家族の高齢化等に伴い，負担が大きくなっている等の理由」によるもの
だった。

（3）精神科医療における家族の役割の実態——医療者からの聞き取り

　精神科医療における家族の役割の実態を探るために，私は以前，大学病院の
精神科医と民間の精神科病院の看護師に話を聞いたことがある。当時は，精神
保健福祉法によって保護者の制度が設けられて，医療に関する代行決定その他
の役割を果たしていた。医師によれば，患者の「同意（承諾）」と同時に，キー
パーソンとしての家族にも説明し，「同意」を得るということをやっていると
いう。

　家族と患者の「利益相反」はある，と医師はいう。ただ，そういう事態に
至った原因に，医師の側の問題があることがある。医療側がやらなければいけ

ないことを家族に丸投げすることがある。一般科でも，悪性腫瘍を本人に言うかどうかを家族に投げることが現在でもよくある。家族にとっては過剰な負担だと思う。精神科でも，興奮しているときに本人に統合失調症だといってもわからないので家族にいう。落ち着いたときに，本人に説明する。時間をかけて説明する。納得してもらうのが医師の技術だという。それを家族に任せるのは医師の手抜きといわれても仕方がない。家族は，医師・看護師の下請けであってはならない。

　医療保護入院の場面で，本人と家族の利益相反が際立つ。医師は，この問題の解決のためには，任意後見の活用を考えること，あるいは「事前指示」の方法を模索することを提案する。代行決定者を選任する能力と治療同意の能力は違うはずだ。前者であれば患者のプライドは保たれるのではないかというのである。

　同研究で私が行ったホスピスでのインタビューの内容（鎮静など患者本人と家族の意思が一致しない場合はあるものの，「家族も含めてひとつの単位」という理念が貫かれている）[125]を伝え，精神科医療との違いがあるかどうか，看護師に尋ねたところ，以下のような回答があった。終末期と一緒で精神科も患者と家族は一体だと思う。治療の面において，家族も巻き込んで治療をしていかないと，患者が帰っていく場所でまた同じ状況が繰り返されることになる。

　患者本人だけに依拠できない部分というのは非常にある。精神科のなかで本人に依拠できないという部分は，①服薬継続の問題，②入退院の問題，③身体拘束・隔離の問題，大きく分けるとこの3つだ（③の問題は家族とは直接の関係がないので以下では略す）。

　①について，薬を飲むのも飲まないのも，本人の意思だから本人が自分で飲みたくないからそれでいいのかと考えると，薬さえ飲めば非常に落ち着く患者がいるので，やっぱり飲んでもらおうということになる。以前の精神科では，非告知がほとんどだったが，最近は，どういう薬でどういう効能・副作用があるということを本人に告知をして，同意を得る。でも，どうしても同意を得られない患者がいる。そういう場合は非告知で飲んでもらう。そういう患者は1％にも満たないが。非告知の場合は保護者に一応説明をして同意をもらって

いる。

　②入退院の問題については，一応本人に入院を促して任意入院というケースが多いが，本人は"自分は病気ではないから入院しなくていい"というのに対し，家族は明らかに病気なんだから，入院してきちんと治療してもらいたいと考える場合には，保護者の同意に基づく医療保護入院という手続を用いることになる（当時，入院全体の約３割）が，この場合に本人が家族を恨むケースが非常に多い。また，退院後の引取りを家族が拒否することや，保護者になるのを拒否することがある。後者は，これまで迷惑をかけられ続けてきたと感じている患者の子や兄弟の場合に時々ある。なかには，兄弟が保護者になるのを本人が拒否して裁判になった事例があった。

　他に困るケースとして，精神科患者の身体疾患治療の問題がある。骨折や肺炎で一般科に転院した後も，この人は精神障害者だから身体疾患の治療も保護者の同意でできると勘違いする医療者が多い。また，精神科から一般科に転院して身体疾患の治療をしている間に精神症状が消失した場合でも，元の精神科病院に帰るのが当然と思われ，どこにも行き場所がないので，やむを得ず医療保護入院にすることもある。乳がん手術の翌日に帰ってきた人もいた。法の整備，地域医療・福祉の整備が強く望まれる。稀なケースではあるが，家族が身体疾患の治療を「そこまでしなくてよい」ということもある。

　精神科医療において，患者・家族の対立が生まれやすいのは，何よりも入院期間が長いことが最大の要因だと思う。今はできる限り３か月以内に退院できるように努力しているものの，なかなか難しい。入院が長くなると，家族から「ずっと入院させておいてほしい」という声も出てくる。家族を巻き込んで治療しないと，帰る場所がなくなってしまう。はじめから家族に問題があったわけではない。長い家族の歴史があるのだから，それを解きほぐすことにつながればと，当院では「家族教室」を開き，多くの家族が参加している。

　本人の意思決定によって医療を行うことが一番よい。可能なら100％任意入院できればいいし，身体拘束にしても隔離室にしても，本人に被強制感が強く「自由がない」と感じるので，可能な限り開放処遇が必要だ。しかし，治療さえすれば安定するのに治療を受けない人が，そんなに多くはないがいるのは確

かだ。そういう人を対象とする非自発入院の方法は必要だと思う。ただ，医療保護入院は家族間のトラブルを生むもので決して望ましくない。本人と家族が対立構造にならない仕組みを作ってほしい。

　終末期医療の患者・家族関係が非常に密接であるのに較べれば，精神科医療の場合はある種の利益相反が見られるケースもみられる。ホスピスではゴールが見えており，本人と家族が同じ方向に向きやすい傾向にある。それでも様々な問題がある。精神科医療の場合，長く続くし，これまでの家族の葛藤の歴史もある。家族に代行決定を委ねることには慎重でなければならないと考える。しかし，当初予想していたよりも，医療者が家族への対応を重視していることが明らかとなった。ある意味では，終末期医療にも増して，家族の協力のあり方が治療の成否を決するほどの重要性をもつことがわかった。ただし，前述の葛藤関係の実態を踏まえると，医療決定における家族の役割を法的ルールとして位置づけることには，慎重でなければならない。

4　入院後の処遇——面会・通信，隔離・身体拘束

（1）制度の概要

　「医療又は保護に欠くことのできない限度において，その行動について必要な制限を行うことができる」とのみ定める精神衛生法38条（1987年改正前）のもとで，患者宛の信書の受信の制限・開封は許され（1952年厚生省通知），さらに現実の運用では発信の開封も許容されていた。このような実態が精神科病院の密室化を招き人権侵害の温床となったとの国内外の批判に対応し，1987年，精神科病院における処遇に関する現行の規定が誕生した。

　精神保健福祉法は，医療・保護に不可欠な行動制限を行う権限を病院管理者に与える（法36条1項）。一方で，どのような場合でも行えない行動制限として，信書の発受の制限，都道府県・地方法務局等の職員や弁護士との面会や電話の制限を挙げている（法36条2項，昭和63年4月8日厚生省告示128号）。したがって，信書の発受の制限は絶対に許されない（刃物・薬物等の異物が同封されていると判断される受信信書について，患者によりこれを開封させ，異物を取り出した

うえ患者に当該受信信書を渡すことは，制限には含まれない）。弁護士等との電話は一切制限されず，閉鎖病棟内にも公衆電話等を設置し，都道府県精神保健福祉主管部局や地方法務局人権擁護主管部局等の電話番号をみやすいところに掲げることとされている（昭和63年4月8日厚生省告示130号）。また，面会する場合，立ち会いなく面会できることになっている（厚生省告示130号）。弁護士等以外との電話・面会に関しては患者の医療・保護に不可欠な制限が行われる場合があるが，病状の悪化を招き，あるいは治療効果を妨げる等，医療・保護のうえで合理的な理由がある場合であって，かつ，合理的な方法および範囲における制限に限られる（厚生省告示130号）。通信・面会の自由等の重要な人権制約を伴う行動制限が適正に行われるために，刃物・薬物等の異物が同封されていると判断される信書について上記の措置をとった旨，電話・面会に関する制限を行った旨およびその理由について診療録に記載し，患者・家族等に知らせることが義務づけられている（厚生省告示130号）。

　精神保健福祉法はまた，精神保健指定医でなければ行えない行動制限として，隔離と身体的拘束を挙げている（法36条3項）。隔離とは，患者の意思で出ることができない部屋へ1人だけ入室させることで12時間を超えるものである（昭和63年4月8日厚生省告示129号。12時間以内の隔離の要否の判断は医師が行う。厚生省告示130号）。患者の病状から本人や周囲の者に危険が及ぶ可能性が著しく高く，隔離以外では危険を回避することが著しく困難な場合に，危険を最小限に減らし患者の医療・保護を目的とする（厚生省告示130号）。本人の意思で閉鎖的環境の部屋に入室させるのは隔離にはあたらない（厚生省告示130号）。対象となる患者は，主として次のような場合に該当すると認められた者である（厚生省告示130号）。①他の患者との人間関係を著しく損なうおそれがある等，その言動が患者の病状の経過や予後に著しく悪く影響する場合，②自殺企図または自傷行為が切迫している場合，③他の患者に対する暴力行為や著しい迷惑行為，器物破損行為が認められ，他の方法ではこれを防ぎきれない場合，④急性精神運動興奮等のため，不穏，多動，爆発性などが目立ち，一般の精神病室では医療または保護を図ることが著しく困難な場合，⑤身体的合併症を有する患者について，検査および処置等のため，隔離が必要な場合。医師は，隔離が漫

然と行われないように，原則として毎日 1 回以上診察を行う（厚生省告示130号）。

　身体的拘束とは，衣類・綿入り帯等を使用して，一時的に身体を拘束し運動を抑制することである（昭和63年 4 月 8 日厚生省告示129号）。手錠等の刑具類や紐・縄等は使用してはならない（厚生省告示130号）。身体的拘束は制限の程度が強く，二次的な身体的傷害を生ずる可能性があるため，代替方法が見出されるまでの間のやむを得ない処置として行われ，できる限り早期に他の方法に切り替えるよう努めなければならない（厚生省告示130号）。対象となる患者は，主として次のような場合に該当すると認められた者である（厚生省告示130号）。①自殺企図や自傷行為が著しく切迫している場合，②多動・不穏が顕著である場合，③上記のほか精神障害のためにそのまま放置すれば患者の生命にまで危険が及ぶおそれがある場合。身体的拘束を行っている間，原則として常時臨床的観察を行い，適切な医療・保護を確保しなければならない（厚生省告示130号）。身体拘束については，「代替方法が見出されるまでの間のやむを得ない処置」，自殺企図等が「著しく切迫」，「患者の生命にまで危険」といった表現から，より限定的に用いられるべきことが示されている。[126)]

　隔離・身体的拘束を行うにあたっては，患者に隔離・身体的拘束を行う理由を知らせるよう努めるとともに，それらを行った旨，その理由，開始・解除の日時を診療録に記載することが義務づけられている（厚生省告示130号）。また，当然のことながら，これらが制裁・懲罰・見せしめのために行われてはならない（厚生省告示130号）。

　なお，入院患者の処遇を直接担当し，不適切な処遇について最も把握しやすい立場にある精神保健指定医に対し，入院患者の処遇改善のために病院管理者に報告する等の努力義務が課されている（法37条の 2 ）。

　精神科病院における行動制限が訴訟になることはほとんどないが，精神衛生法38条（当時）にいう「行動制限は医療保護に欠くことのできない限度においてのみ可能であり，もっぱら精神医学上の判断から，他に方法がない場合に最後の手段としてとりうる補充的措置」であり，「患者の症状に応じて医学上合理的で必要不可欠な範囲内」認められるもので，両手両足を縛るベッド拘束を長時間継続することは許されない，とした判決がある（大阪高判昭和55年 9 月26

日判タ436号104頁）。

（2）通信（信書・電話）・面会

　入院患者が家族・友人等と面会しあるいは手紙や電話によって通信すること
は，人権の観点から重要な意義を有するとともに，家族や地域社会等との接触
を保つという意味で医療上も重要な意義を有するものであり，本来自由に行わ
れることが必要である（昭和63年4月8日厚生省告示130号）。しかし，精神科医
療においては，医療・保護上必要であるという理由で面会・通信の自由が長年
制限されてきた。医療・保護上通信を制限したほうがよい理由として，次のよ
うなものが挙げられていた[127]。まず，受信については，①患者の精神状態が悪く
て読んでも理解できない，②精神不安定なので具合の悪い情報が伝われば症状
が悪くなるおそれがある，③金銭やその他の重要な書類，危険物が同封されて
いる可能性がある，発信については，①何を書いているか判読できない，②攻
撃的で中傷的，根も葉もない内容で相手が迷惑し，患者が後日困る立場になり
うる，③病院内部のことを曲解して悪く書いて誤解を招くおそれがある。ある
医療者は，精神科病院が信書・電話を禁じてきた本当の理由は「精神病棟の密
室性を守るため」であったのに，「患者さんのために」という正当化の理屈が
代わりに考え出されたと語っている[128]。

　1960年代に精神衛生法（当時）の改正を主張した医療者にあっても，「病状
悪化時に患者の書いたものが，周囲に与える迷惑を考慮して差止められ，後日
患者が回復してからその非なることを諭され，患者自身却つてこれを感謝する
ということもあり」，信書の検閲を完全に不可能にすることは「実際上不便か
つ不法理である」としていた[129]。また，主治医の判断による信書の制限を認めつ
つ，「イギリス法と同様に，地方精神衛生審議会，厚生大臣，人権擁護局，国
会議員などにあてられた信書は制限すべきでない」という限定をつける見解も
あった[130]。1987年改正はこの趣旨を採用している。

　1983年時点の調査によれば，信書・電話の利用制限の状況は以下のよう
になっていた[131]。電話の発信について，制限なし39.1％，制限あり60.0％（病
状，届出，相手，用件等による），受信について，制限なし59.5％，制限あり

38.2%。信書の発信について，制限なし56.4%，制限あり43.2%，受信について，制限なし84.1%，制限あり12.7%。面会については，制限なし25.9%，制限あり71.8%。前述のように，1987年改正前に制限が許されると明記されていたのは，患者宛の信書の受信の制限・開封だったが，むしろ発信の制限の方が多かった。

　このような通信・面会の制限によって，精神科病院における患者処遇の実態を患者が外部に訴える手段を奪われ，病院の密室化を招き，人権侵害の温床となったといわれる。[132]宇都宮病院事件における次のような経緯にその一端がうかがえる。[133]1984年3月19日（事件発覚5日後），「人身保護法に基づき539人の入院患者全員を退院させるよう求める」人身保護請求の申立て（請求者弁護士3名，拘束者石川院長）が東京高裁に対してなされた。しかし，人身保護規則によれば，「被拘束者の氏名」「拘束の日時，場所その他拘束の事情の概要」を明らかにしなければ，請求は却下される。そこで，3月23日，請求者は病院に赴き，閉鎖病棟内の被拘束者との面会を申し入れたが，「あらかじめ申入れがないから面会はできない」と拒絶された。再度訪れた28日には，正面に「立入禁止」の掲示がなされ，鉄扉は鎖で閉鎖されていた。院長補佐は，面会の申入れに「だめだ」と拒絶した。結局，人身保護請求は却下された。

　通信の秘密を保障する憲法21条2項後段からすれば，かつて当たり前に行われていた信書の開封は原則として許容されない。[134]また，信書の発受や電話，面会を自由に行う通信の自由（非公開でコミュニケーションを行う自由）は，広義の表現の自由に含まれ，これらを制約するには非常に重要な正当化事由が必要とされる。[135]少なくとも，弁護士や人権擁護行政職員等との通信を制限することは許されないと以前から指摘されていた。[136]それ以外の人との電話，面会は医療上の理由で制限されることもありうるが，重要な人権の制約であるという認識のうえで厳格に運用されなければならない。

（3）隔離・身体拘束

　精神科医療と人権との関わりとして最も重大な関心を呼んでいるのが，隔離・身体拘束の問題である。この10数年間で隔離も身体拘束も増加しており，

身体拘束の結果死亡した事例も発生している。隔離・身体拘束は、「身体的拘束から自由である権利」を意味する身体の自由そのものを制約し、併せて、個人の尊厳（憲法13条前段）を脅かし、移動の自由（22条１項）を奪い、表現活動の自由（21条１項）や経済活動の自由（22条１項・29条１項）も奪う。重大な人権制約に関わることからすれば、隔離・身体拘束は、他に適当な方法がなく、やむを得ない場合にのみ許され、しかも必要最小限の範囲内でのみ認められる。[137]

　精神保健福祉法は、前述のように、隔離と身体拘束を精神保健指定医でなければ行えないものとしている（法36条３項）。法文上は、「医療又は保護に欠くことのできない限度において」（法36条１項）としか定めていないが、厚生労働大臣が基準を定めている（上記の厚生省告示）。隔離よりも身体拘束の実施がより制限的であるべきことを示しており、概ね適正であると思われるが、隔離の対象の患者の状態として挙げられている、「他の患者との人間関係を著しく損なうおそれがある」、「著しい迷惑行為」が「医療又は保護」という目的に含まれるか疑問であり、他の方法（個室化、スタッフの増員）で対処すべき課題だと指摘されている。[138]隔離・身体拘束によって失われる身体の自由の利益が、避けようとした害の程度を超えないこと（法益均衡）が必要とされる。[139]特に、身体拘束は直接的に身体の自由を制限するものであって、隔離以上に自由の制約が強度であることに加え、身体拘束を加えることが生命・健康に対する危険を生じさせる面があることを十分に考慮する必要がある。[140]

　手続要件については、精神保健指定医の裁量に委ねられる部分があまりにも大きいのが問題である。実施後の定期的な再評価および権利擁護者（弁護士等）との速やかな面会などが制度化されることが望まれる。[141]

1)　本章に関連する私の論稿として、以下のものがある。「精神科医療の基本原理と関連法制度」甲斐克則編『ブリッジブック医事法〔第２版〕』（信山社、2018年）；「32　同意入院（医療保護入院）の要件」宇津木伸・町野朔・平林勝政・甲斐克則編『別冊ジュリスト　医事法判例百選』（有斐閣、2006年）；「99　医療保護入院の要件」甲斐克則・手嶋豊編『別冊ジュリスト　医事法判例百選〔第２版〕』（有斐閣、2014年）；科学研究費補助金（基盤研究（Ｃ））研究成果報告書「医療決定における家族の役割に関する比較法的研究」

（2008年）；「1198任意入院」「996措置入院」「276仮退院」「1339閉鎖病棟」「1454面会・通信の自由」「1517リーガルモデル」甲斐克則編集代表『医事法辞典』（信山社，2018年）；「民事収容」加藤敏ほか編『現代精神医学事典』（弘文堂，2011年）。

2)　アメリカでは，前述のように（第2章3（1）），連邦憲法修正5条および14条のデュー・プロセス条項にいう「自由」のなかに，「身体的拘束から自由である権利」が含まれるとされている。

3)　毛利透・小泉良幸・淺野博宣・松本哲治『憲法Ⅱ人権〔第2版〕』（有斐閣，2017年）310頁（淺野博宣執筆）。

4)　竹中勲『憲法上の自己決定権』（成文堂，2010年）163頁。

5)　芦部信喜（高橋和之補訂）『憲法〔第七版〕』（岩波書店，2019年）252-253頁。

6)　芦部・前掲書（注5）254頁。最高裁は，成田新法事件で，「憲法31条の定める法定手続の保障は，直接には刑事手続に関するものであるが，行政手続については，それが刑事手続ではないとの理由のみで，そのすべてが当然に同条による保障の枠外にあると判断することは相当ではない」と判示した。最大判平成4年7月1日（民集46巻5号437頁）。

7)　佐藤幸治『日本国憲法論』（成文堂，2011年）192頁。「公権力の行使につき国民には適正な手続的処遇を受ける権利が保障されている」としたうえで，刑事手続以外の手続については13条の補充的保障の対象となるとする。

8)　芦部・前掲書（注5）254頁。

9)　最高裁は，先の引用部分（注6）に続いて，「しかしながら，同条による保障が及ぶと解すべき場合であっても，一般に，行政手続は，刑事手続とその性質に応じておのずから差異があり，また，行政目的に応じて多種多様であるから，行政処分の相手方に事前の告知，弁解，防御の機会を与えるかどうかは，……常に必ずそのような機会を与えることを必要とするものではない」と述べている。

10)　竹中・前掲書（注4）163頁；佐藤・前掲書（注7）135頁。人権の合憲的制約に関する議論は他者加害の問題に集中し，自己加害の正当化根拠について自覚的に議論されるようになったのは1980年代後半のことだった。竹中・前掲書85頁。したがって，それまでは身体の自由は内在的制約（他者加害阻止原理）にのみ服するものだから，「自傷のおそれ」による措置入院は，ポリス・パワーによって根拠づけられず（町野朔「精神医療における自由と強制」大谷實・中山宏太郎編『精神医療と法』〔弘文堂，1980年〕38頁），あるいは，内在的制約原理の内容に含まれるとはいいがたいので（竹中勲「精神衛生法の強制入院制度をめぐる憲法問題」判例タイムズ484号〔1983年〕57頁），これを正当化するには別個の考察を要するとされていた。

11)　竹中・前掲書（注4）96頁。

12)　佐藤・前掲書（注7）296-297頁。

13)　池原毅和『精神障害法』（三省堂，2011年）115-131頁。

14)　池原・前掲書（注13）116頁。

15)　池原・前掲書（注13）116-117頁。

16)　この規定の趣旨を踏まえ，医療保護入院等の患者についても「できるだけ任意入院への

移行が行われるよう運営上配慮されるべき」とされている。精神保健福祉研究会監修『四訂　精神保健福祉法詳解』（中央法規，2016年）217頁。

17）　仙波恒雄・高柳功編『精神保健法——その実務のすべて』（星和書店，1990年）18頁（植田孝一郎執筆）。当時の厚生省は，自由入院は医療法による普通の入院形態だから特に精神衛生法（当時）に規定する必要はないとの見解だった。

18）　国際法律家委員会（ICJ）・国際医療職専門委員会（ICHP）合同調査団による第一次調査団報告（1985年7月）。国際法律家委員会編『精神障害患者の人権——国際法律家委員会レポート』（明石書店，1996年）109頁。

19）　高柳功・山本紘世・櫻木章司編『三訂　精神保健福祉法の最新知識——歴史と臨床実務』（中央法規，2015年）17頁（山本紘世執筆）。

20）　高柳・山本・櫻木・前掲書（注19）51-52頁。

21）　仙波・高柳・前掲書（注17）18-19頁。

22）　精神保健福祉研究会・前掲書（注16）214-215頁。

23）　精神保健福祉研究会・前掲書（注16）223頁。

24）　仙波・高柳・前掲書（注17）22頁。

25）　大谷實『新版精神保健福祉法講義〔第3版〕』（成文堂，2017年）77頁。

26）　精神保健福祉研究会・前掲書（注16）223頁。

27）　池原・前掲書（注13）171頁。

28）　精神保健福祉研究会・前掲書（注16）223頁。

29）　精神保健福祉研究会・前掲書（注16）216頁。

30）　例えば，仙波・高柳・前掲書（注17）20-21頁，高柳・山本・櫻木・前掲書（注19）13頁。

31）　池原・前掲書（注13）201頁注94。

32）　松岡浩「任意入院と同意能力」西山詮編『精神障害者の強制治療——法と精神医学の対話2』（金剛出版，1994年）192頁。

33）　池原・前掲書（注13）170頁。必要とされる同意能力の程度やその判定手続について明確化すべきとの指摘もある。松岡・前掲論文（注32）192頁。

34）　大谷・前掲書（注25）74頁。

35）　町野朔「任意入院」西山詮編『精神障害者の強制治療——法と精神医学の対話2』（金剛出版，1994年）181頁。

36）　精神保健福祉研究会・前掲書（注16）223，224頁；高柳・山本・櫻木・前掲書（注19）15頁。

37）　精神保健福祉研究会・前掲書（注16）258頁。

38）　病状が急迫し自殺しようとして未遂に終わった場合や，他人を殺害した事実がある場合などが挙げられている。精神保健福祉研究会・前掲書（注16）273頁。

39）　厚生労働省「平成29年度衛生行政報告例の概況」（2018年10月25日）13頁（統計表1）。

40）　金子晃一・伊藤哲寛・平田豊明・川副泰成編『精神保健福祉法（2002年施行）——その理念と実務』（星和書店，2002年）28頁（岡江晃執筆）。

41)　強制医療の正当化根拠としてのポリス・パワーとパレンス・パトリエの対立と，リーガ
　　ル・モデルとメディカル・モデルの対立が，対応して論じられることがある。大谷・前掲
　　書（注25）47頁；加藤久雄「精神障害犯罪者の人権保護——リーガル・モデルかメディ
　　カル・モデルか」西山詮編『精神障害者の強制治療——法と精神医学の対話 2』（金剛出
　　版，1994年）78頁以下。ポリス・パワーを根拠とする医療介入の場合は厳格な法手続，特
　　に裁判所の決定を必要とする（リーガル・モデル）のに対し，パレンス・パトリエに基づ
　　く強制医療のためには，法の介入をできるだけ排除して医療的判断を優先させる（メディ
　　カル・モデル）。ただ，心神喪失者等医療観察法がいずれのモデルによるものかについて
　　評価が分かれるように，法手続がどの程度厳格であればリーガル・モデルとみることがで
　　きるかは人によって異なる。医療介入の当否について，誰の判断か，手続が厳格かと問う
　　のがリーガル・モデル——メディカル・モデルの対立であり，医療介入の根拠・目的に着目
　　するポリス・パワー——パレンス・パトリエの対立とは力点が異なるのである。いずれにし
　　ても，両モデルそれ自体が規範的根拠になるわけではない。池原・前掲書（注13）188頁
　　注 3 。

42)　竹中・前掲書（注4）163頁は，「ミスリーディング（誤導的）であることが否めない」
　　という。

43)　町野・前掲論文（注10）35-40頁。

44)　精神保健福祉研究会・前掲書（注16）69頁。

45)　金子・伊藤・平田・川副・前掲書（注40）96頁（平田豊明執筆）。

46)　竹中・前掲論文（注10）56頁。

47)　池原・前掲書（注13）153頁。

48)　竹中・前掲書（注4）169-170頁。

49)　竹中・前掲論文（注10）56頁。この点，アメリカでの議論が参考になる（第 2 章 3
　　（3）参照）。

50)　竹中・前掲論文（注10）56頁；町野・前掲論文（注10）36頁。

51)　竹中・前掲論文（注10）56頁。

52)　西山詮『精神保健法の鑑定と審査——指定医のための理論と実際』（新興医学出版社，
　　1984年）79-81頁。

53)　竹中・前掲書（注4）168-169頁。

54)　自殺者の95％は最後の行動に及ぶ前の 1 か月間に何らかの精神障害と診断される状態に
　　あったという。ハーバート・ヘンディン（高橋祥友訳）『アメリカの自殺』（明石書店，
　　2006年）271頁。また，参照，吉岡隆一「自殺は『病理』か：労災事例をめぐって」法と
　　精神医療20・21号（2007年）141頁。

55)　竹中・前掲書（注4）170-171頁。また，町野・前掲論文（注10）36頁参照。

56)　竹中・前掲書（注4）171頁。また，竹中・前掲論文（注10）57頁参照。

57)　大谷・前掲書（注25）43-45頁。

58)　医療保護入院に関する記述であるが，竹中・前掲書（注4）166頁参照。

59)　竹中・前掲書（注4）167頁。

60）　竹中・前掲書（注4）171頁。

61）　California Welfare and Institutions Code §5000-5550.

62）　Addington v. Texas, 441 U.S. 418, 428-430 (1979).

63）　*Id.* at 429.

64）　*Id.* at 430.

65）　横藤田誠「精神障害者と人権──不利立場の人々の人権保障に関する一考察（一）」広島法学42巻1号（2018年）109-111頁。

66）　横藤田・前掲論文（注65）108頁。

67）　竹中・前掲書（注4）168頁。

68）　池原・前掲書（注13）155頁。

69）　国際法律家委員会・前掲書（注18）110-111頁。

70）　竹中・前掲論文（注10）63頁。

71）　精神保健福祉研究会・前掲書（注16）269頁。

72）　精神保健福祉研究会・前掲書（注16）92-93頁；高柳・山本・櫻木・前掲書（注19）44-45頁。

73）　精神保健福祉研究会・前掲書（注16）93頁。

74）　高柳・山本・櫻木・前掲書（注19）55頁。

75）　精神保健福祉研究会・前掲書（注16）97-98頁；高柳・山本・櫻木・前掲書（注19）45，53頁。

76）　国際法律家委員会・前掲書（注18）245-246頁。

77）　芦部・前掲書（注5）253頁。

78）　大谷・前掲書（注25）135-136頁。

79）　高柳功「インフォームド・コンセント雑考──精神科医療における個人的回想とともに」中谷陽二編集代表『精神科医療と法』（弘文堂，2008年）222頁。国際法律家委員会（ICJ）・国際医療職専門委員会（ICHP）合同調査団による第一次調査団報告（1985年7月）によれば，国連小委員会において日本政府委員は「非自発的に拘禁されている精神障害者の比率をわずかに12.3％である」と発言した。もちろんこれは措置入院のみを指しているものであるが，同意入院患者も「最も近い親族の報告及び一人の精神科医の判断で拘禁される"非自発"患者なのである」。国際法律家委員会・前掲書（注18）109頁。

80）　大谷・前掲書（注25）93頁。

81）　従来，措置入院に付随して行われていた移送についても明記された（法29条の2の2第1項）。

82）　精神保健福祉研究会・前掲書（注16）373頁。

83）　大谷・前掲書（注25）109頁。

84）　家族主義的伝統の強いアジアでは，精神障害者の家族から「保護人」を選んで医療にアクセスさせる義務を課したり（台湾），受診意思のない患者を家族等が病院に連れて行く義務を規定する法律があるが（中国），家族の同意を条件として強制入院させることを認めてはいない。町野朔「医療保護入院と保護者──その法的・倫理的検討」石川義博編

『精神科臨床における倫理——法と精神医学の対話 3』（金剛出版，1996年）73頁。

85)　新たな地域精神保健医療体制の構築に向けた検討チーム（第 3 ラウンド）「入院制度に関する議論の整理」（2012年 6 月28日）1 頁（厚生労働省 HP）〈https://www.mhlw.go.jp/stf/shingi/2r9852000002e9rk-att/2r9852000002e9u6.pdf）。

86)　精神保健福祉法研究会・前掲書（注16）298頁。厚生労働省の通知でも，「医療保護入院における精神障害者の家族等に対する十分な説明とその合意の確保」が改正の趣旨のひとつとされている（平成26年 1 月24日厚生労働省社会・援護局障害保健福祉部精神・障害保健課長通知「医療保護入院における家族等の同意に関する運用について」）。

87)　大谷・前掲書（注25）98頁。もっとも，家族の同意要件が入院医療へのアクセスの確保や地域社会での受け入れに寄与するか不明確であるため，地域医療に関わる者（例えば精神保健福祉士）を判断者に加えることを提言している（同上）。

88)　新たな地域精神保健医療体制の構築に向けた検討チーム・前掲（注85）3 頁。

89)　町野朔他（「新たな地域精神保健医療体制の構築に向けた検討チーム」メンバー）「精神保健福祉法改正案に関する意見書」（2013年 5 月17日）〈http://www.yuki-enishi.com/ninchi/ninchi-17.pdf〉。

90)　町野・前掲論文（注84）71頁。

91)　岡田靖雄「精神衛生法改正の問題点」精神医療史研究会編『精神衛生法をめぐる諸問題』（病院問題研究会，1964年）69頁。措置入院と同意入院を一括して，実体・手続要件を厳格にした命令入院制度の創設を提案している（69-72頁）。

92)　国際法律家委員会（ICJ）・国際医療職専門委員会（ICHP）合同調査団による第三次調査団報告（1992年 4 月）。国際法律家委員会・前掲書（注18）174-175頁。

93)　斎藤正彦「精神保健法における強制入院制度の諸問題」西山詮編『精神障害者の強制治療——法と精神医学の対話 2』（金剛出版，1994年）53頁。

94)　参照，横藤田・前掲（注1）「32　同意入院（医療保護入院）の要件」68-69頁。

95)　国際法律家委員会（ICJ）・国際医療職専門委員会（ICHP）合同調査団による第一次調査団報告（1985年 7 月）によれば，人身保護の救済が認められたのは 6 年間でわずか 2 件にすぎなかった。国際法律家委員会・前掲書（注18）111-112頁。「入院患者にとって実効的な審査手続は存在せず，これは適正手続の重大な否定である」としている。同書112頁。

96)　東京地判平成22年 4 月23日（判時2081号30頁）。参照，横藤田・前掲（注1）「99　医療保護入院の要件」210-211頁。

97)　池原・前掲書（注13）158頁。

98)　竹中・前掲書（注4）166頁。

99)　竹中・前掲書（注4）166-167頁。

100)　参照，池原・前掲書（注13）158頁。

101)　精神保健福祉法研究会・前掲書（注16）304頁（「本人に病識がない等，入院の必要性について本人が適切な判断をすることが出来ない状態」）；池原・前掲書（注13）159頁（「入院についての判断能力が損なわれているために任意入院が選択できないこと」）。

102)　町野朔「自己決定と他者決定」年報医事法学15号（2000年）51頁。

103)　岡山地判平成15年 2 月20日裁判所ウェブサイト（平13（ワ）387号），東京地判平成22年 2 月 4 日（平成21（ワ）11635号）など。

104)　日弁連「精神保健福祉法の抜本的改正に向けた意見書」（2012年12月20日） 2 頁〈http://www.nichibenren.or.jp/library/ja/opinion/report/data/2012/opinion_121220_2.pdf〉；池原・前掲書（注13）161頁。

105)　大谷・前掲書（注25）94頁。

106)　大谷・前掲書（注25）95頁。

107)　東京地判平成23年 4 月21日（平22（ワ）13867号）など。

108)　横藤田・前掲（注1）「99　医療保護入院の要件」211頁；池原・前掲書（注13）161頁。

109)　池原・前掲書（注13）129頁。

110)　赤沼康弘「同意能力のない者に対する医療行為の法的問題点と立法趣旨」新井誠編『成年後見と医療行為』（日本評論社，2007年）259頁。身近に親族がいない場合には，交流のない兄弟姉妹を探し出して同意を求めるなどということも行われているという。

111)　寺沢知子「医療行為に対する承諾の相対化と法的評価」新井誠編『成年後見と医療行為』（日本評論社，2007年）124-129頁。

112)　大阪地判平成10年12月18日（判タ1021号210頁）等。

113)　大谷実『精神保健福祉法講義』（成文堂，1996年）70頁。

114)　石川稔「医療における代行判断の法理と家族」唄孝一・石川稔編『家族と医療──その法学的考察』（弘文堂，1995年）61頁。

115)　岩志和一郎「医療契約・医療行為の法的問題点」新井誠編『成年後見と医療行為』（日本評論社，2007年）77頁。秋田がん告知訴訟において，最高裁が，「告知を受けた家族等の側では，医師側の治療方針を理解した上で，物心両面において患者の治療を支え，また，患者の余命がより安らかで充実したものとなるように家族等としてのできる限りの手厚い配慮をすることができることになり，適時の告知によって行われるであろうこのような家族等の協力と配慮は，患者本人にとって法的保護に値する利益である」と述べていることが傍証として挙げられている（最判平成14年 8 月24日判時1803号28頁）。

116)　マーシャ・ギャリソン（土屋祐子訳）「自己決定権を飼いならすために──自己決定権再考」樋口範雄編集『ジュリスト増刊　ケース・スタディ生命倫理と法』（有斐閣，2004年）238頁。

117)　深谷裕『触法精神障害者をめぐる実証的考察──責任主体としての家族』（日本評論社，2015年）55-77頁。

118)　精神保健福祉研究会監修『三訂精神保健福祉法詳解』（中央法規，2007年）192頁。

119)　精神保健福祉研究会・前掲書（注118）191-192，205-206頁；精神保健福祉研究会監修『改正精神保健福祉法の概要』（中央法規，1999年）158頁。

120)　精神保健福祉研究会・前掲書（注119）『改正精神保健福祉法の概要』162頁。

121)　星野茂「精神保健法上の保護義務者制度をめぐる諸問題（下）」法律論叢64巻 1 号（1991年）107頁。

122)　『'99精神保健福祉法改正に向けての全家連意見書』（1998年）25-31頁。

123)　厚生省精神保健福祉法規研究会監修『精神保健福祉法詳解』(中央法規，1998年）132
　　　頁。

124)　2007年2月実施。横藤田・前掲報告書（注1)「医療決定における家族の役割に関する比
　　　較法的研究」23-25頁。

125)　2005年3月，2006年2月・3月実施。横藤田・前掲報告書（注1)「医療決定における家
　　　族の役割に関する比較法的研究」15-23頁。

126)　長谷川利夫『精神科医療の隔離・身体拘束』（日本評論社，2013年）44-46頁。

127)　寺嶋正吾『「患者の権利」研究』（悠久書房，1984年）11-12頁。

128)　石川信義『開かれている病棟』（星和書店，1878年）154頁。

129)　竹村堅次「現状の問題点と改正すべき方向──病院での実践から」精神医療史研究会編
　　　『精神衛生法をめぐる諸問題』（病院問題研究会，1964年）46頁。

130)　岡田・前掲論文（注91）72頁。

131)　第二東京弁護士会による全国の精神病院対象のアンケート調査（1983年8月）。戸塚悦
　　　郎・広田伊蘇夫編『精神医療と人権2 人権後進国日本』（亜紀書房，1984年）237頁。

132)　大谷・前掲書（注25）110頁。

133)　戸塚悦郎・広田伊蘇夫編『精神医療と人権1 日本収容所列島』（亜紀書房，1984年）「序
　　　宇都宮病院事件をめぐって」（戸塚悦朗執筆）3-7頁。

134)　竹中・前掲論文（注10）67頁。

135)　佐藤・前掲書（注7）321頁。「通信」について憲法で直接言及しているのは21条2項で
　　　保障する「通信の秘密」のみだが，これは「通信の自由」を論理的前提とする。

136)　竹中・前掲論文（注10）67頁。

137)　大谷・前掲書（注25）113-115頁。

138)　池原・前掲書（注13）209頁注145。

139)　池原・前掲書（注13）186頁。

140)　池原・前掲書（注13）210頁注148。

141)　池原・前掲書（注13）187頁。

コラム③　身体障害者からみた精神障害

　障害者は多様です。障害者差別と人種差別・性差別の異同については本書第４章で少し触れますが，人権や平等の問題を考える際に，障害者と非障害者の違い，障害者の中での違いを軽視することはできません。障害の部位・程度で違うところは（非障害者の皆さんが想像できないほど）多くあります。だからこそ，不特定多数の障害者を対象とするバリアフリーのみでは障害者の社会参加は促進されず，個々の障害者に対する「合理的配慮の提供」が障害者権利条約・障害者差別解消法によって求められているのです。

　同じポリオの人と話していて，共感することはもちろん多いのですが，違うなと思うところもたくさんあります。私は足だけでなく右腕も弱かったので，足のポリオの人の多くが得意な逆立ちができなかったことが大きなコンプレックスでした。視覚障害者，聴覚障害者，内部障害者など身体障害者の抱える問題について想像はできますが，リアルな心情は，友だちにならない限りよくわかりません。でも，共通する思いがあります。

　「哀れみたっぷりの保護も，誇張された賞賛も障害者にはいらない」。私たちが「求めていることはそんなに複雑ではない。ふつうの尊敬と社会の一構成員として地域で生きるための機会を得ること。人間としてあたりまえなことの実現を求めているだけ」です（ジョセフ・P・シャピロ（秋山愛子訳）『哀れみはいらない――全米障害者運動の軌跡』現代書館，1999年，467頁）。私たち身体障害者は当たり前のことをしていても（例えば歩いているだけで），知らないおばさんから「あら，おみ足がお悪いの？　えらいわね」といわれたりします（全国ポリオ会連絡会『肢体不自由者の体験談と社会への提言』2016年，30頁）。この「上から目線」には閉口するのですが。

　精神障害者の場合，かなり異なる状況があります。第１章で示したように，精神障害者に対する社会の視線は明らかに冷たい。「こわい」「気味が悪い」といったネガティブなイメージをもつ人が圧倒的です。他の障害者のように「美化」や「賞賛」をされることなどほとんどありません。

　また，精神疾患の受容が非常に困難であることは，他の障害・病気と比べて明らかです。身体障害者でも大人になって障害を負うと障害を受容することはなかなか大変です。精神障害の場合は，社会のネガティブな認識が大きな影響を及ぼし，それが法律・制度にまで具体化されているだけに，困難性を増しています。

　身体障害者（特に車いす使用者）が障害者の代表格で，社会の関心・理解が得られやすく，政策対応も引き出しやすいのは事実でしょう。まったく対照的なのが精神障害者です。第４章で少し触れる「社会モデル」自体も，身体障害者を想定しているので精神障害者にはうまく対応できていないという研究もあります。精神障害者からみえる社会は私たちのみえるものとは違うかもしれないとの留意が必要だと思います。

第 **4** 章

障害者の人権——その普遍性と特殊性[1]

　本書第2章・第3章では，強制医療システムと精神科医療法制を人権の観点から精査してきたが，そこで明らかになったのは，「正解」にたどり着く困難性だった。第2章では，人権モデルを牽引するアメリカにおける非自発入院の正当性をめぐる議論の歴史的展開を概観することで，強制医療システムと人権の関係のひとつのモデルを追求しようとした。しかし，結果として浮き彫りになったのは，「危険」「治療」「能力」という正当性を支える根幹の要素が，時代により，立場によって異なる評価を受け，必ずしも決定的な方向性を導くわけではないということだ。

　第3章では，精神保健福祉法が定める制度のうち人権との関係が問われるものについて，憲法に適合するか否か，あるいは合憲としうる解釈とはいかなるものかを探った。一応の方向性は打ち出せるにしても，ここでも決定的な結論を導くことは相当困難であることが明らかとなった。

　もちろん，憲法解釈一般にそのような困難が内在しているのかもしれない。しかし，精神障害者だからこそ直面するハードルがあるとはいえないだろうか。障害者（特に精神障害者）は切実に人権の実現を求めながらも，その願いが叶わないことが少なくない。それは障害者がなすべきことをなしていないからだろうか。本章は，人権という法概念自体に，精神障害者を含む障害者がそれを十全に享有することを難しくする要素があるのではないかとの仮説を立て，近代人権理念が前提とする人間像の問題，人種差別や性差別などとは異なる障害者差別特有の問題を検討する。障害者の「願い」に対して，人権理念は，社会は，いかなる対応をしているのだろうか。

1　希望としての「人権」

重度障害者の自立生活運動を牽引した先駆者を描いた『こんちくしょう』（2007年）という映画のなかで，重度脳性まひの60歳代の女性が，施設を脱走してから様々な辛苦の果てに一人で暮らし始めた頃の思いをこう語っている。「やっと借りたのは，おんぼろの，雨漏りがする町営住宅だった。徹底的貧乏生活だったけど，楽しかった，最高に。……自分でして，自分の力で，生きるっていうことが，どんなに素晴らしいことか，わかったわけ」。授業でこの映像を見せると，自立といえば〈自分が稼いだ金で暮らす〉経済的自立しか頭になかった学生たちの多くはショックを受ける。何時に起き，何を食べ，何をするかを決める……。そんな当たり前のことを重度障害者たちが奪われても衣食住を提供されることが正義だった時代に，自由・人権を武器のひとつとして社会に異議申し立てをした先駆者たち。ここには，確かに希望があった。

障害者に限らず，私たちの社会には，女性・子ども・高齢者・ホームレス・感染症患者・外国人など，法的，経済的，社会的に不利な立場に置かれている人々が存在する。このような人々の抱える問題に対して，現代国家は決して無為無策だったわけではなく，医療・福祉施策をはじめとする様々な配慮を法を通じて行っている。したがって，民主主義のプロセスに問題解決を期待すればよいとする考えもあるだろう。しかし，アメリカのある連邦最高裁判所判決が，「分離され孤立した少数者（discrete and insular minorities）に対する偏見が，通常なら少数者を保護することを期待できる政治過程の機能をひどく損傷する傾向がある」（United States v. Carolene Products Company, 304 U.S. 144〔1938〕の脚注4）場合にはより厳格な司法審査が必要とされると示唆しているように，多数決を骨格とする民主制の生み出す法が少数者に不利益や苦境を与えることは稀ではない。らい予防法のもとで長年続いた強制隔離政策，旧優生保護法による不妊手術の強制，そして本書でみてきた精神保健福祉法による精神障害者の非自発入院制度などは，その代表的な例である。多数派にとって当たり前の配慮（例えば，入院させて治療すること）が，不利な立場に置かれている人々

にとって測り知れない苦痛（例えば，自分の意思に基づいた自由な生活ができないこと）をもたらすことはありうる。公権力が法令によって一定の人々に不利を強いるとき，法令を超える最高法規としての憲法によって保障される人権の存在意義が浮かび上がる。

　不利な立場の人々の（すべてではないが）多くに関する最も中心的な法的対応は，保健・医療・福祉であろう。私たち人間は誰もが，「健康で文化的な最低限度の生活を営む権利」，つまり生存権を保障されている（憲法25条）。したがって，広義の福祉が生存権という憲法上の権利に根拠づけられることに異論はない。しかし，このことが「自由権的基盤を有しない無権利性と，自由権そのものを侵害しかねない一般社会からの排除ないし隔離的傾向をもたらした」[2]とも評されている。つまり，高齢者・障害者等はもっぱら「保護」される存在であり，「自由」の主体であるとは見なされていなかったために，保護するための隔離・排除に疑問を抱かれることがなかったのである。

　一方，近年の保健医療福祉に関する法制度で注目されるのは，「自立」「自己決定」の強調である。この傾向はまず，保健・医療の分野で始まった。1982年の老人保健法が「国民は，自助と連帯の精神に基づき，自ら加齢に伴って生ずる心身の変化を自覚して常に健康の保持増進に努めるとともに，老人の医療に要する費用を公平に負担するものとする」（2条1項）と，（医療費の自己負担増大の要請を背景に）初めて「自助」を明示したのを皮切りに，「医療は，国民自らの健康の保持のための努力を基礎」とすると規定する医療法1条の2第2項（1992年改正），そして，「医師，歯科医師，薬剤師，看護師その他の医療の担い手は，医療を提供するに当たり，適切な説明を行い，医療を受ける者の理解を得るよう努めなければならない」と定めて，努力義務としてのインフォームド・コンセントの原則を宣言した医療法1条の4第2項（1997年改正）へと続いた。

　一方，福祉の領域では長らく，利用者はもっぱら保護される存在であった。ところが，1990年代になると，福祉の目的として次第に「自立」や「社会参加」が強調されるようになった。例えば，障害者基本法（1993年改正）はその目的を，「障害者の自立と社会，経済，文化その他あらゆる分野の活動への参

加を促進すること」（1条）とする。また，従来福祉サービスの提供は，利用者の申請の権利を認めることなく，行政の権限（「福祉の措置」）によって行われてきた。ところが，1990年代の「社会福祉基礎構造改革」により，その構造は大きく変わり，利用者の選択を尊重する利用契約制度を機軸とするものとなった。それに伴って，サービス提供の理念として，「利用者の意向を十分に尊重」（2000年改正の社会福祉法5条）することが明示されるようになったのである。

　このような新たな潮流は，法理論の面でもあらわれている。福祉において生存権の重要性が失われることはなく，社会保障制度に対する裁判による異議申し立てを事実上不可能にしている最高裁判所の判例理論に再検討を迫る試みの[3]意義は強調されなければならないけれども，「社会保障の目的を，単に物質的ニーズの充足による生活保障という物理的事象でとらえ切ってしまうのではなく，自律した個人の主体的な生の追求による人格的利益の実現……のための条件整備ととらえる」[4]とするなど，福祉における自由・自律の重要性を強調する見解が有力になっている。福祉における自由・自律の意義を強調する見解に対しては，自立を強制し国家責任を弱化せしめるという批判もあるが，自由・自律[5]の重要性を改めて提起した意義は認めなければならない。

2　「強い個人」論の隘路

（1）近代人権理念の人間像

　このように自由の重要性が認識されるようになったとはいえ，不利な立場の人々の抱える問題に人権を適用しようとすると，実際上・理論上様々な障害がたちふさがる。人権は本来，「人であるかぎり」（固有性），「誰でも」（普遍性），「いかなる権力に対しても」（不可侵性）保障されるはずだ。[6]ところが，「人は，自由，かつ権利において平等なものとして生まれ，生存する」と定めるフランスの「人および市民の権利宣言」（1789年）のもとで，女性，財産をもたない男性，ユダヤ人，有色人種，植民地の奴隷等は権利主体とは認められていなかった。[7]ナポレオンは「文明というものを持たず，植民地の何たるか，フランスの

何たるかを知らぬアフリカ人に，どうして自由を与えることができようか」
と述べて，人権宣言にいう「人」「市民」に黒人は含まれないと断じた。つま
り，人権理念が法概念となった当初から，事実上人権主体から除外される人々
がいたということだ。その後，人権保障の機運が世界に広がり，それに希望を
見出して自らの苦境を人権侵害と捉えて問題提起する人々が増えていった。
1960年代以降，黒人，女性，障害者等が直面する問題の改善に人権が果たした
役割は極めて大きかった。それでも，現在もなお苦難の生を強いられている
人々が多数存在する。人権がすべての人々を幸福にする魔法の杖でないことは
いうまでもないが，人権にかけた希望が十分に叶えられなかったのはなぜだろ
うか。

　不利な立場の人々になぜ十分に人権が保障されないのだろうか。そこには，
近代人権理念が前提とする人間像が関わっていた。近代法が前提としていたの
は「合理的に行為する完全な個人」であった。つまり「強い個人」である。当
時の社会意識からすれば，このような人間像から黒人，女性，子ども，障害者
等の「弱い個人」が除外されたのも不思議ではない。その後，19世紀後半から
20世紀にかけて人権論におけるパラダイム・シフトが生じ，「具体的な弱い人
間」像を前提とした権利論が主流となった。労働権・社会権の登場である。日
本国憲法の人権条項はこうした時代の産物といえる。しかしその後，このパラ
ダイム・シフトで注目された具体的人間像は結局「集合人」（労働者等）と捉え
られ，まだまだ抽象化されたものであることに気づかれ，より具体的に人間を
捉えようと「苦しみや挫折感をもつ弱き人間」に法の関心が及んできた。その
表れが，日本では1980年代以降に顕在化してきた自己決定権・自律権の強調で
ある。

　憲法学では，人権の主体たりうる人として，「理性を備えた各個人」，「自己
決定をし，その結果に耐えることのできる自律的個人」であることが強調され
る傾向にある。これは，人権の主体を「強い個人」に限定することによって人
権主張に「パンチ力」を持たせ，人権を「切り札として」用いようとする方向
と結びついているもので，正当な問題意識によるものである。また，狭義の
「人権」主体性を認めないからといって一切権利を認めないわけではなく，憲

法が保障する権利は適用される。

　しかしそれでも，この「強い個人」像が，不利な立場の人々による表現の自由や自己決定権といった狭義の人権の主張を真剣に受け止めることを難しくしている面があることは否定できない。[13]そもそも人は「強い個人」たりうるのだろうか。「強い個人」論者も，権利を主張する必要に迫られるのは「弱者」であることを知っている。にもかかわらず（あるいは，だからこそ）「弱者が弱者のままでは，それによって担われる『権利』は，恩恵的，慈恵的な性格にとどまる」から，「『権利のための闘争』を担おうとする弱者，その意味で，『強者であろうとする弱者』，という擬制のうえにはじめて，『人』権主体は成り立つ」と考えるのである。[14]この見解が強い個人（強くなろうとする個人）を「擬制」と捉えていることに注目したい。この「擬制」が人権主張を真剣に受け止めるために有効であることはわかる。この点で，私は「強い個人」論を完全に否定することはできない。

（2）「強い個人」論の隘路

　「強い個人」論の代表的な論者は，「強くない人」を置き去りに，「人」権の根拠として「強い個人」を想定することは問題ではないかという批判に対し，次のように回答する。[15]自己決定できない幼児・病人・老人の人権こそ重要ではないか，意思主体でない動物・植物，鉱物まで含めた生態系そのものに「権利」があるはずだというこの批判は，「人権」を相対化し，超越的な外からの「近代」批判と捉えることができるとし，そのうえで，「強い個人」像が，「人間に値する」人間とそうでない人間を振り分ける前提として使われれば，優生思想への坂道を転がり始めるだろうことを認める。しかし，そのような坂道への転落を拒否するために人間中心主義そのものを否定する必要はない。つまり，「人間の名に値する生命」という定式は，「法的ヒューマニズム」（すべての人間が平等に尊厳を有するという人間界内部での平等主義）を否定するものではなく，「哲学的ヒューマニズム」（自然界において人間が特に優れているという不平等主義）を根拠づけるものと理解できるという。

　この反批判は理解できないではないが，「強い個人」論への懸念がここで挙

げられている批判論のみであるわけではない。私は，まったく「自己決定でき
ない人」が完全なる「自己決定権」を行使すべきだとは思わない。ただ，人
権という法概念の適用という文脈で「強い個人」像を強調すれば，「強くない
人」が狭義の人権を主張することから事実上排除され，あるいは主張を真剣に
受け止めることをしない方向に導かれやすくなることを憂いているだけだ。例
えば，「強くない人」の例として精神障害者など特定の類型の人を挙げる場合
があるが，これには反対したい。例示としてではあっても，その類型に属する
人すべてが一定の権利を享有できないとすることは認めてはならない。

（3）精神障害者の「自由」

　障害者は，監護・福祉・医療を必要とする点でより依存的であり，依存型の
「社会関係上の弱さ」がより際立つことを否定できない（第2章1（1））。精神
障害者の非自発入院制度が身体的自由等の制約であるにもかかわらず，長く正
当化されてきた理由はここにある。

　障害者の場合，依存的であることに基づく「社会関係上の弱さ」に加えて，
意思決定能力が十分でないことから生ずる「主体としての弱さ」をもつ人々が
存在するという意味で，人権保障上の障壁について，それ以外の人々の場合と
は異なる考察を必要とする。

　精神的自由，職業選択の自由，自己決定権等の自由権は，一定の行為をする
か否かの選択が自由になされることを目的とする。憲法学者のジョン・ガー
ヴェイによれば，そのような自由権は社会的・個人的に深刻な害をもたらすこ
とのない理性的な決定を権利行使者がなしうることが前提とされている。非理
性的な選択によって予測し得ない社会的・個人的コストが生じうるという実際
的な要因，そして，選択をすること自体に価値のある自由を選択できない者に
与えることは無意味だという理論的要因が背景にある。この点で，障害者のす
べてではないけれども一部の人々が選択を内容とする自由を行使できない場合
はある。

　しかし，ガーヴェイはそれでも，意思決定能力が限られている人々に自由権
を保障することは可能であると考えている。第1に，人間の尊厳という理念か

らは，子どもや知的障害者等に対しても完全な意思決定能力をもつ人々と同じ
く配慮と尊重が与えられなければならないから，自由が保障される人の範囲を
可能な限り拡大すべきだという。したがって，成熟した判断能力をもつ子ども
には大人と同等の自由を保障すべきであるし，精神障害者すべてが治療の必要
性に関する判断ができないわけではないから，治療を強制するには精神疾患以
外の特定の要件を要する。第2に，自由を行使する能力を身につけるためには
自由を行使する経験が必要とされる。したがって，例えば表現の自由を適正に
行使できる成熟した大人になるためには（一定の制約は許されるとしても）子ど
もに表現の自由を認めるべきであるし，病院内の精神障害者に通信の自由を保
障することは障害者の社会復帰に大いに役立つ。第3に，本人の選択に任せる
ことができない場合でも，直ちに政府の介入が認められるわけではなく，まず
は本人と密接な関係のある代理人（例えば子どもに対する親）の判断に委ねられ
ることがある。

　意思決定能力が十分でない人々が自由権を行使するには大きな困難が横たわ
る。しかし，はじめから自由行使の可能性を排除することは，人権の概念から
見て正しい態度ではない。一方で，意思決定能力の程度を無視して事に臨むこ
とも適当とは思えない。

　この点に関連し，興味深い論争が19世紀終わりから20世紀にかけてアメリカ
で行われたことがある。事前の告知や聴聞がデュー・プロセスの要求するとこ
ろであるか否かについては，この時期の判例は分かれていた。肯定的な判例
は，「告知および聴聞を受ける機会はすべての司法手続の基盤をなしている。
それらは無視しえない正義の基本原則である。……精神障害者に告知するのは
無益であるとか，彼はそれを利用する能力を欠くから何の役にも立たないとい
うことはできない。彼が実際に精神障害者であるか否かが審理されているので
ある」[18]と指摘する。それに対して，消極的な判例は，入院後の聴聞や人身保護
手続によって司法の場で収容を争う道があれば，事前の告知や聴聞は必ずしも
必要ないとしていた。[19]両者を分ける要素は，手続が患者に及ぼす精神的な悪影
響の評価（および告知の場合はそれが患者にとって意味があるか否か）であった。[20]刑
事手続が有罪の確定前は被告人を無罪と推定するのと同じように，精神障害者

であると認定される前は健康な者であると割り切って，精神的悪影響を顧慮しないか，あるいは，現実を重視して，患者への影響を防ぐための事前手続を不必要と見なすか，両者の選択は極めて実際的な判断に基づいていたといえる。この点は現在でもまったく同様な議論が行われており，入院手続の憲法的評価をする際に，この問題は避けて通れないものといえよう。

3　障害者の人権の位置づけ——普遍性と特殊性

「強い個人」像と並んで，人権の実現にあたって障害者が非障害者と「違う」ことを意識せざるを得ない場面がある。平等とは，具体的事実や能力が同じなら取扱いも同じにすべしという規範であり，定義上健常者とは異なる障害者に異なる取扱いをすることは長年差別とはみなされなかった。この平等・差別の定義を大きく変えたのが，「障害のあるアメリカ人に関する法律（Americans with Disabilities Act of 1990）[21]」（以下，ADA という）だった。

（1）ADA はなぜ必要だったのか

1990年 7 月26日，ADA の署名（発効）式典において，ブッシュ大統領（当時）は，独立宣言が平等と生命・自由・幸福追求権をアメリカ人に保障しながら障害のある人には制限または拒否されてきた歴史に触れつつ，この法律が「自立，選択の自由，自らの生活のコントロール，豊かなモザイクで構成されるアメリカの主流への完全かつ平等な参加の機会」を保障するものであることを高らかに宣言し，この法律が障害者の平等に関する世界初の包括的な権利宣言であり，アメリカを人権問題に関する世界のリーダーとするものだと誇った[22]。

確かに ADA は，アメリカのみならず世界に甚大な影響・衝撃を与えた[23]。「障害者（disabled people）」ではなく「障害のあるアメリカ人」という表現自体，障害者である前にアメリカ人なのだと，障害に対する捉え方の大転換を象徴するものだった。医療や福祉の対象から権利の主体に，機能障害があるのだからいろいろなことができないのは当然だという見方から，社会が作り出した

障壁ができなくさせている側面もあるのではないかという認識へ，そして，障害があるからといって自由や平等や幸福を諦めることのない社会へと，ADAが世界にもたらした希望は大きい。しかし，後にみるように，ADA に対する評価は一様ではない。

　障害者施策の転換に大きな影響を与えたのは，「障害」の捉え方である[24]。障害者は長年保護されるべき弱者として扱われてきた。障害者が社会生活上不利益を受けるのは心身の機能の障害（impairment）に起因するもので，それを克服するための治療やリハビリテーションといった医学的介入を重視する「医学モデル」が，従来の障害者施策の基礎となっていた。それに一石を投じたのが，1970年代以降，アメリカやイギリスで提唱され始めた「社会モデル」だった。障害者の社会生活上の不利は，機能障害それ自体ではなく社会的障壁との相互作用によって生じるとするこの捉え方は，障害者に関わる問題を障害者個人ではなく社会の問題であり，障害者を「保護の客体」から「権利の主体」へと転換させた（「人権モデル」）。しかし，現実の障害者施策が直ちに社会モデル・人権モデルに基づくものになったわけではなく，障害者の問題は依然として福祉の問題であった。この状況を一変させたのが ADA の制定だった。

（2）人種・性差別と障害者差別の違い

　1964年公民権法の差別禁止事由のなかに「障害」を加えようとする試みは，ADA 以前に何回もなされていた。これがなかなか実現しなかった背景に，障害者差別に特有の性格があった。「障害」の追加を求める動きに対する反対が伝統的な公民権運動団体から起こることもしばしばだった[25]。公民権法の対象を拡大することが，これまでの途方もない努力の結果としての勝利を危険にさらすことを恐れたことに加えて，人種差別を根絶させるための立法的解決法と障害者差別禁止のそれとは異なるとみる人々がいた。確かに，障害に基づく差別をなくすためには職場における配慮，交通機関の利用，建物その他の障壁の除去などが必要であり，しかも障害者個々によってニーズが異なるという状況は，人種・出身国・性に関わる場合には存在しないだろう。このような「違い」をいかに評価するかが，差別禁止法制のあり方を考える際に決定的に重要

となる点に注意が必要である。

　ADA 以前，連邦憲法の下で障害者に平等な取扱いが保障されるか，連邦裁判所を舞台に争われることがしばしばあったが，連邦最高裁判所が障害者に対する差別を重く捉えることはなかった。[26]「いかなる州も，その管轄内にある者に対し法の平等な保護を否定してはならない」と定めるアメリカ合衆国憲法修正14条の平等保護条項の解釈については，人種，出身国といった「疑わしい区分（suspect classification）」であれば最も厳しい厳格審査基準，性別のような「準・疑わしい（quasi-suspect）区分」であれば中間審査基準という比較的厳格な審査を受けることになるが，そうでない場合は合理性基準による審査によることになる。そこでは，何らかの意味で正当な目的に合理的関連性があれば違憲とはならないという，最も緩やかな審査で処理される。

　知的障害者のグループホームを開設不許可とした市の行為が平等保護条項に違反するか否かが問われたクレバーン事件判決において，連邦最高裁判所は，知的障害を比較的厳格な審査を要する「準・疑わしい区分」として中間審査基準を適用した原審である連邦控訴裁判所判決を覆して，人種差別・性差別の場合のような厳格な審査基準を必要とせず，最も緩やかな合理性基準で十分であるとした。[27]最高裁が理由として挙げたのは次の諸点だった。①知的障害者と健常者とは否定しがたい違いがある。②連邦・州の立法者はこれまで福祉・教育・雇用の各領域において知的障害者の事情に応じた配慮を十分行っており，知的障害者の能力やニーズが多様であることを思えば，いかなる施策を行うかについて政府機関には司法の監督を受けずに行う柔軟性が認められなければならない。③これまでの立法的対応をみれば，知的障害者が立法者の配慮を受けられないほど政治的に無力ではないことを示している。④知的障害が準・疑わしい区分とされれば，他の同様の集団との違いを説明できない。これに対して，マーシャル裁判官の一部反対意見は，知的障害者が隔離と差別に従わされた「長期かつ悲劇的な歴史」をもつことなどを理由に，平等保護条項のもとで厳格な審査に服すると認めた。

　障害者差別は人種差別や性差別と違うのだろうか。法廷意見が挙げる理由のいずれを重視するかによって解答は異なるだろう。民主的決定であっても裁判

所による厳しい審査が求められるのはどういう場合かを考える際に，③政治的に無力か否かが注目されることがある[28]（本章1参照）。法廷意見は障害者が無力であることを否定したが，ADA 第2条(a)は，障害者を「われわれの社会で政治的に無力な地位に追いやられた，分離され孤立したマイノリティ」と明記しているのが注目される。憲法の平等保護条項では十分に保障されない障害者にとっての平等を ADA 制定によって実現しようとした連邦議会が，平等に関する判例法理を意識しつつ，ADA を平等保護条項を補充するものと位置づけていることが示唆されているのである[29]。

（3）ADA は何をもたらしたか

〔a〕パラダイム・シフト

ADA は大きな変化をもたらした。公的・私的空間を障害者に開放し，障害差別についての認識を高め，障害差別の少なくとも一定の行為に対する救済を提供した。雇用のように効果が疑問視される領域もあるが，ADA 成立後，障害者に対する社会の見方が大きく変わったのは確かだろう。障害を治すべきもの・憐れむべきものとみる「医学モデル」「個人モデル」から，障害者の市民権・人権を保障するために社会や環境の変革を迫る「社会モデル」「人権モデル」へとパラダイム・シフトが生じたことは間違いないだろう[30]。

雇用率の上昇という目にみえる成果は現れていないが，ADA 施行後，障害者に対する差別の是正に自主的に取り組む職場が増えているという[31]。採用差別を受けたと感じる者の割合は，1998年には58％だったが，2000年51％，2004年には31％まで減少した。昇進拒否については，1998年34％，2004年12％となっている。ADA のような差別禁止法のメリットとして，障害者に対する社会の見方の変化を重視する見解があるが[32]，ADA は社会の側の障害者像を変えたという意味で，パラダイム・シフトが実際に成果を挙げているものといえる。

〔b〕国際社会への影響

障害者の権利を求める運動は ADA に先立って積極的に行われていた[33]。1975年の「国連障害者の権利宣言（UN Declaration on the Rights of Disabled

Persons)」には「合理的配慮」の前兆となる規定があり（5項，8項），ADA
はこれを法的拘束力のある規範に昇華させたものといえる。

　しかし，ADA が障害者の権利を保障する各国の立法の触媒の役割を果たし
たことは間違いない。1990年代に40を超える国で障害者の権利法が制定され
た。[34] ADA の絶大な影響をうかがわせるに十分だった。

　国連の「障害者の機会均等に関する標準規則（Standard Rules on the Equaliza-
tion of Opportunities for Persons with Disabilities)」（1993年）や「障害者権利条約
（Convention on the Rights of Persons with Disabilities)」（2006年）は，いずれも「合
理的配慮」を重要な概念として採用しており，ADA の影響は明らかである。[35]

（4）障害者の権利保障の相剋

　ADA は，障害の社会モデルに基づき，障害者の平等を保障し，障害者の権
利状況を劇的に進展させたといわれるが，事はそれほど単純ではない。障害者
の権利保障を実現するための理論モデル自体の妥当性，ADA がいかなるモデ
ルを選択したかの解釈，他の選択肢の可能性など，考察すべき論点はまだ残っ
ている。

〔a〕社会モデルの限界？

　前述のパラダイム・シフトが直ちに障害者の人権尊重の結果につながるとは
断定できない。社会モデルに対しては近年批判の声も上がっている。歩けな
い・聞こえないというインペアメント（impairment）とそれ故に社会から排除
されるディスアビリティ（disability）とを区別して社会の側に変革を迫る社会
モデルは，インペアメントの否定的側面である身体的・知的な制約，否定的感
情，悪化の恐れなど各個人の経験を直視せず，生きづらさを個々の障害者が対
処すべきものとして放置した，という障害者内部からの批判もそのひとつだっ
た。[36] 身体障害を理論構築の基礎とした社会モデルでは，精神障害等が関わる問
題に明確な回答を提示し得ないとも指摘された。[37]

　これらの批判は，障害者と非障害者の「違い」，障害者内部での「違い」を
直視し，障害者自身の特性・感情に目を向ける動きともいえる。障害者の自立
と社会参加を進めるにあたって無視できない視点であるように思われる。社会

モデルは社会に変化をもたらすための戦略的モデルであり，障害者の関わる問題すべてを包括的に説明するものではない。社会モデルへのパラダイム・シフトを基礎に，障害者の感情，非障害者の意識，社会環境の改善，制度の変革等の相互作用として障害者の権利のあり方を考究していくほかないように思われる。

〔ｂ〕「反差異化」モデルと「反従属化」モデル

連邦憲法修正14条の平等保護条項の意味内容の捉え方について，すべての個人に対して異なる取扱いを禁止する「反差異化（anti-differentiation）」モデル（ユニバーサル・モデル）と，歴史的に差別を受けてきた人々を劣位の地位に置いてはならないとして特に保護する「反従属化（anti-subordination）」モデル（マイノリティ・モデル）という２つの選択肢がある[38]。後者の場合，保護対象者を優遇する措置（アファーマティブ・アクションなど）も，従属という問題が生じないから許容される。

ADA はどちらのモデルに基づいているのだろうか。起草者や研究者の多くは，1964年公民権法の流れを受けて成立したという制定の経緯から，「反差異化」モデルによるものとする一方[39]，適格障害者しか提訴できないこと，「合理的配慮」という一種のアファーマティブ・アクションを認めていることから，「反従属化」モデルに基づくものという見方もあった[40]。ADA の2008年改正法がこの点に決着をつけたとはいえず，いずれのモデルに基づいているかはまだ解決されていない。

ところで，ADA が「反差異化」モデルに立脚していると見る論者も，1964年公民権法のような伝統的な差別禁止法が依拠するものとは大きく異なる平等モデルを組み込んでいることを認める[41]。同じ状況にある者の平等な取扱いを目指す公民権法とは異なり，ADA は，一定の場合には平等な結果を達成するために「合理的配慮」などのより良い取扱いを提供するよう命ずる。このように，ADA は様々な見方が可能な，一筋縄ではいかない法律なのである。

〔ｃ〕市民権アプローチと人権アプローチ

ADA を「反差異化」モデルによる市民権法とみる立場から，これだけでは障害者の平等が十分に保障される見込みはないからと，障害者権利条約を高く

評価する見解がある。⁴²⁾これによれば，ADA の限定的な差別禁止アプローチとは異なり，障害者権利条約は，「全ての障害者によるあらゆる人権及び基本的自由の完全かつ平等な享有を促進し，保護し，及び確保すること並びに障害者の固有の尊厳の尊重を促進する」（1条）と定めて人権アプローチを採用していることの優越性が強調される。

　この見解は，権利条約が独立の人権としての「合理的配慮」を受ける権利を承認することを評価する。⁴³⁾ADA のもとでは，合理的配慮は無条件の権利ではなく，使用者は被用者が求めてもいない代替的な配慮をする権利を保持している。ADA は障害者に職を得たり公共生活へアクセスさせたりするドアを開けるかもしれないが，そのドアを開け続けておくことを要求しない。これに対して，権利条約は「締約国は，平等を促進し，及び差別を撤廃することを目的として，合理的配慮が提供されることを確保するための全ての適当な措置をとる」（5条）と，被害者による提訴によってではなく，国家による積極的な義務を定めている。さらに権利条約は，「障害者の事実上の平等を促進し，又は達成するために必要な特別の措置」をとること（アファーマティブ・アクション）を求めている（5条4）。

　もちろん，このような解釈が妥当か議論の余地があるし，いくら条約で立派な権利が保障されていても，国内法で実効力のある形式で規定されなければ意味はない。しかし，ADA とは異なる選択肢として権利条約を分析することは有意義であると思われる。

〔d〕市民権と福祉

　かつて障害者は福祉の対象，保護の客体とされてきた。1970年代以降，市民権アプローチの進展により状況は変わり，ADA はその集大成といえるものだった。しかし，ADA 第1編が期待通りの成果を挙げていないことに象徴されるように，市民権の強調のみで問題が解決されるわけでないことは明らかである。

　この点，障害者権利条約が「全ての人権及び基本的自由が普遍的であり，不可分のものであり，相互に依存し，かつ，相互に関連を有する」（前文(c)）としているのが注目される。ここにいう「人権」には，自由権のみならず社会権も

含む。例えば，権利条約は，地域で支援を受けながら生活する権利を保障する（19条(b)）。ADA には地域で生活する権利そのものは規定されていないのと対照的である。

　市民権という「われわれ皆が享受すべきアメリカンライフの果実に対する，公正で正当なアクセスを保証する」（署名式典での大統領演説）ADA の歴史的意義を認める一方で，以上述べてきたような限界や他の選択肢の可能性を認識しておくことが必要であろう。

4　不利な立場の人々の視線からみえるもの

　下肢障害者である私は，10年におよぶ施設生活を経て入った普通高校のクラスで理不尽な劣等感に苦しんでいた。政治経済の授業で憲法の「基本的人権」に触れたとき，世界が少し変わってみえたような気がした。人は生まれながらに不可侵の権利を有する，個人は尊厳である。それは私にとって，苦痛に満ちた現実を超える，等身大ではない「世界」との出会いだった。大げさにいえば，希望と未来を手に入れた思いがした。

　不利な立場の人々に人権が保障されるのは当然である。この当たり前のことが長年軽視されてきたことの問題性はいくら強調してもし過ぎることはない。この点で，不利な立場の人々が人権に寄せる視線を踏まえて，学者・実務家双方が共有しているとされる「人権は，理論的には正しいけど，実践には役に立たない」という命題を乗りこえる理論的・実践的な対応が求められる。⁴⁴⁾もちろん，人権は特効薬ではない。あらゆる社会問題に対して人権が快刀乱麻を断つ力をもつわけではないことは，精神障害者の自由制限をめぐる法的議論からもうかがえる。

　ある論者が憲法学におけるフェミニズムの意義についてこう述べたことがある。「フェミニズムが今日の日本国憲法において意味のある存在として積極的に自己主張するためには，必ずしも可能ではない『強い個人』を前提とする憲法構造を思考するばかりではなく，周辺化された，最も不利な立場にある者からの視点を意識させる提言を組み込んでいくことが必要だと思われる。もちろ

ん，そのような視点を，社会における弱者とは程遠いように思われる法学者た
ちが見いだし，あるいは，援用するようになるのはなかなかむずかしいのか
もしれない[45]。本章の議論が，真に「不利な立場の人々の視点」に立ったもの
か，正直にいえば私には自信がない。それでも，自らの立ち位置を批判的に振
り返りつつも，不利な立場の人々の人権を前進させるためになしうることをな
していくほかないと考えている。

1)　本章に関連する私の論稿として，以下のものがある。「不利な立場の人々の人権」後藤
玲子編著『正義』（ミネルヴァ書房，2016年）；「『障害のあるアメリカ人』政策の歴史と現
在」後藤玲子・新川敏光編『新世界の社会福祉 6　アメリカ合衆国／カナダ』（旬報社，
2019年）；「精神科医療の倫理的側面における法的判断」『臨床精神医学講座 special issue
第12巻　精神医学・医療における倫理とインフォームド・コンセント』（中山書店，2000
年）。

2)　障がい者制度改革推進会議「障害者制度改革の推進のための基本的な方向（第一次意
見）」（2010年 6 月 7 日）（内閣府ホームページ）〈http://www8.cao.go.jp/shougai/suishin/
kaikaku/pdf/iken1-1.pdf〉

3)　例えば，棟居快行「生存権の具体的権利性」長谷部恭男編『リーディングズ現代の憲
法』（日本評論社，1995年）；藤井樹也『「権利」の発想転換』（成文堂，1998年）第 5 章；
葛西まゆこ『生存権の規範的意義』（成文堂，2011年）；尾形健『福祉国家と憲法構造』
（有斐閣，2011年）第三章・第四章。

4)　菊池馨実『社会保障の法理念』（有斐閣，2000年）140頁。

5)　笹沼弘志『ホームレスと自立／排除』（大月書店，2008年）50-56頁。

6)　芦部信喜（高橋和之補訂）『憲法〔第七版〕』（岩波書店，2019年）80-82頁。

7)　辻村みよ子・金城清子『女性の権利の歴史』（岩波書店，1992年）32-34頁。

8)　西川長夫『フランスの解体？──もうひとつの国民国家論』（人文書院，1999年）151
頁。

9)　佐藤幸治「日本国憲法と『自己決定権』」法学教室98号（1988年）10頁。

10)　佐藤幸治「法における新しい人間像」芦部信喜・星野英一・竹内昭夫・新堂幸司・松尾
浩也・塩野宏編『岩波講座　基本法学 1 ──人』（1983年）313頁。

11)　奥平康弘『憲法III』（有斐閣，1993年）24頁。

12)　樋口陽一『転換期の憲法？』（敬文堂，1996年）72頁。

13)　笹沼・前掲書（注5）47-49頁。

14)　樋口陽一『国法学──人権原論〔補訂〕』（有斐閣，2007年）68-69頁。

15)　樋口・前掲書（注14）66-69頁。

16)　奥平康弘「"ヒューマン・ライツ"考」和田英夫教授古稀記念論集刊行会編『戦後憲法
学の展開』（日本評論社，1988年）は，「こども，ある種の老人，精神障害者，脳症患者な

ど」一人前でない人々を「人権の主体」から除外する（137頁）。

17)　John H. Garvey, *Freedom and Choice in Constitutional Law*, 94 Harv. L. Rev. 1756 (1981).

18)　*In re* Wellman, 45 P. 726, 727 (Kan. App. 1896).

19)　*See, e.g.*, Hammon v. Hill, 228 F. 999 (W. D. Pa. 1915).

20)　The Mentally Disabled and the Law 51 (Samuel L. Brakel & Ronald S. Rock eds. 1971).

21)　Pub. L. No. 101-336, 104 Stat. 327 (Jul. 26, 1990), codified at 42 U.S.C. §12101 et seq.

22)　Remarks of President George Bush at the Signing of the Americans with Disabilities Act. ⟨https://www.eeoc. gov/eeoc/history/35th/videos/ada_signing_text.html⟩

23)　憲法研究者であり下肢障害者である私にとって，ADA の「合理的配慮」概念を知った時の衝撃は忘れられない。日常茶飯事のあの出来事が実は「差別」だったのか！

24)　所浩代『精神疾患と障害差別禁止法——雇用・労働分野における日米法比較研究』（旬報社，2015年）58頁。

25)　Arlene S. Kanter, *The Americans with Disabilities Act at 25 Years: Lessons to Learn from the Convention on the Rights of People with Disabilities*, 63 Drake L. Rev. 819, 828 (2015).

26)　Kanter, *supra* note 25, at 828-830.

27)　City of Cleburne, Tex. v. Cleburne Living Ctr., Inc., 473 U.S. 432, 442-446 (1985).　最も緩やかな基準である合理性テストを用いながら，最高裁は市の決定を違憲とした。

28)　植木淳『障害のある人の権利と法』（日本評論社，2011年）16頁参照。

29)　植木・前掲書（注28）37-38頁。

30)　Peter Blanck, *The First "A" in the ADA: And 25 More "A"s Toward Equality for Americans With Disabilities*, 4 Inclusion 46 (2016).

31)　所・前掲書（注24）58頁。

32)　杉野昭博『障害学 理論形成と射程』（東京大学出版会，2007年）8-9頁。

33)　Lawrence O. Gostin, *The Americans with Disabilities Act at 25: The Highest Expression of American Values*, 313 JAMA 2234 (2015).

34)　T・クイン・デゲナー（秋山愛子訳）「Ⅲ　資料・国際的な動向『障害に関する国際法，比較法，地域法改革概観』」「障害者差別禁止法制定」作業チーム編『当事者が作る障害者差別禁止法』（現代書館，2002年）。

35)　Gostin, *supra* note 33, at 2234.

36)　座主果林「障害の『社会モデル』——『社会モデル』の意義と障害者の経験の記述における限界」奈良女子大学社会学論集15号（2008年）102-105頁；松岡克尚「障害モデル論の変遷と今後の課題について」関西学院大学人権研究14号（2010年）16-17頁。

37)　白田幸治「障害の社会モデルは解放の思想か？——精神障害のとらえがたさをめぐって」Core Ethics Vol. 10（2014年）124頁。

38)　安西文雄「平等」樋口陽一編『講座憲法学3権利の保障【1】』（日本評論社，1994年）95頁。

39)　Kanter, *supra* note 25, at 840-841.

40)　Ruth Colker, The Disability Pendulum 98 (2005).

41)　Kanter, *supra* note 25, at 833-834.

42)　Kanter, *supra* note 25, at 845-848.

43)　Kanter, *supra* note 25, at 851-858.

44)　遠藤比呂通『人権という幻——対話と尊厳の憲法学』（勁草書房，2011年）12頁。

45)　紙谷雅子「日本国憲法とフェミニズム」ジュリスト1089号（1996年）88頁。

コラム④　法・人権の意義と限界

　この世の無数の社会問題に対するアプローチは数多くあり，法はそのうちのひとつに過ぎません。法学的な接近方法には次のような特色を見出すことができるでしょう。

　①実践「知」であること　　法学を意味する英語の jurisprudence は，ラテン語の jurisprudentia「法の賢慮」に由来します。本来，評価を含んだ実践「知」であり，「真理」「正解」に辿り着けるものではありません。ローマ法にまで遡る伝統を自認しても，物理学をモデルとする近代自然科学からみると，その学問性・科学性を疑われても仕方のない代物です。「知」の発展が，「神学的段階」→「形而上学的段階」→「実証的段階」をたどるとみる立場からは，法学は神学的段階にとどまるといわざるを得ないからです。私も，法学，特に法解釈学が（自然科学と同質の）「科学」であると主張するつもりはありません。しかしながら，万物は流転します。技術や効率の暴走に対する憂慮がますます強まる現代にあって，「賢慮」（prudentia）をエッセンスとする法の「知」のあり方が再評価されている（樋口陽一『憲法 近代知の復権へ』東京大学出版会，2002年，21-22頁）というのですから，世の中は面白い。再び法学の出番が来ているのかもしれません。

　②権利・義務の視点　　法学のもうひとつの特色は，社会問題を「権利」「義務」の視点から把握して，解きほぐそうとするところにあります。もちろん，権利の観点からのアプローチは，社会問題解決の one of them に過ぎません。権利を主張するだけで複雑な問題が直ちに解決に向かうわけではないことに注意しつつ，それでも，権利アプローチは，問題をより鮮明にし，解決への道筋を手助けする重要な方法であるといってもよいでしょう。

　もちろん，精神障害者の関わる問題を法学的観点のみで解決に導くことはできません。不完全な人間が作る法というルールが綻びを生じ，権利侵害や不幸をもたらすことは残念ながら稀ではありません。また，多数派の作った人権という理念がマイノリティの状況を改善することが難しいという事態は，本書の至るところに現れています。精神科医の集まる会で人権の話をしたとき，現場で格闘する医師には医師なりの思いがあることを改めて感じました。また，そこで「危険から社会を守る」ことは絶対必要ではないかという意見を聞きました。確かにそこから目を離すことはできませんが（私も一定の場合の強制入院は許容されると思います），「精神障害者」と大きくまとめて大雑把に物事を考えることはしない，という冷静かつ合理的な思考が必要なのだと思います。

　私は，一番苦しんだ人が一番幸せになる権利があることを諦めたくないと思っています。憲法が保障する人権はすべての人を幸せにはできないけれども，不幸を減らすことはできるかもしれない，と自分に鞭打って踏ん張っています。私の役割は，誇りある天の邪鬼として，人権の意義を訴え続けることだと思っています。

第Ⅱ部　精神障害と社会の諸相

第 5 章

精神障害と犯罪[1]

　第Ⅱ部は，狭義の人権に関するものにとどまらず，精神障害と社会との関係をめぐる重要なテーマを2つ取り上げる（精神障害と犯罪，施設コンフリクト）。学生や一般の人々に話をするとき，最も反響が強く，場合によっては反発を受けることもある主題である。精神障害に関わる問題を人権の観点から見直すことを目的とする本書としては，私の専門外であり無謀かつ困難ではあるけれども，一度は深く考究しなければならないテーマであるといえる。

　第5章は，精神障害者と刑事司法の関係について，危険性に関する実証研究に学んだうえで，責任能力の問題，犯罪を行った精神障害者の処遇の問題について検討する。

1　精神障害者は危険か？

　精神障害は犯罪の重要な要因なのだろうか。本節では，この分野の研究が盛んなアメリカの文献から学ぶこととする。精神疾患と犯罪・暴力との関連性を信じている人は多い[2]。その人たちは非自発入院のような本人の意思に反する措置をも支持する傾向が強い。以前に比べて精神疾患に対する理解は進んでいるものの，精神障害者を危険と見なす人はむしろ増えている。マスメディアの不正確な描写や重大事件の過剰な報道がそのような認識をもたらしているものといわれる。このような意識は警察官にもあり，被疑者に精神疾患があれば助けを必要とするばかりでなく，より危険であると見なされている。

　近年の研究によれば，精神疾患を危険と結びつける人々の認識が精神障害者に対する差別的意識を強め，その結果社会的排除が進み，雇用・居住の機会が

制限され，それらが相まって精神症状を悪化させ，攻撃的行動の可能性を増すということが明らかになっている。[3]

　精神疾患をもつ人々における犯罪・危険性のリスクに関する実証的研究にはいくつかの類型がある。[4]まず，治療中の患者を対象とするものがある。代表的な研究である "The MacArthur Violence Risk Assessment Study" は，精神科病院から退院した精神障害者と対照群との暴力行動の頻度を比較し，薬物乱用障害をも併せもつ患者には暴力行動の高いリスクがあることを明らかにした。他の大規模な研究では，調査対象である成人の統合失調症患者の約19％が過去6か月間に暴力行動があったという。[5]これは一般人口と比べると相当高い比率を示している。もちろん，この種の研究はもともと何らかの問題行動に基づいて治療を受けた人々が対象になっているという歪みがある点に注意が必要である。

　これに対して，一定の地域を対象に自己申告によって精神障害と暴力行動との関連性を探る研究によれば，統合失調症，双極性障害，大うつ病等で治療を受けた経験のある人はない人に比べて暴力行動と逮捕のリスクが高いことが示されている。また，この人たちは犯罪の被害者になるリスクも高い。

　これらの研究は，妄想や幻覚をもたらす精神疾患の一定の特性が犯罪や暴力行動の一因であるかのように示しているが，それだけではない。[6]暴力のリスクは，いくつかの障害や薬物依存症が合わさり，薬物療法に従わないなどの要素が加わると増大することがわかっている。さらに，男性，若年層，人種的少数派であることや，社会解体地域，経済的困窮，家庭崩壊といった点も犯罪のリスクを高める。

　以上の記述からいえるのは，犯罪や暴力行動のリスクと精神科的症状に関係はあるけれども，それだけではなく，社会的要因が色濃く反映しているということである。そうだとすれば，社会的背景が異なる日本でまったく同様なことがいえるかは留保が必要だろう。いずれにしても，犯罪者に応報的な刑罰を科す刑事司法のみの対応では，犯罪や暴力を予防し減少することはできないのである。

2　刑事司法における「能力」

　刑事司法手続のあらゆる段階で，法は重篤な精神障害をもつ人々に対して理論上・実務上異なる取扱いをしている[7]。犯罪行為を行った者に精神障害があるとみなされると，訴訟無能力が懸念されたり，犯行時の責任能力の有無が問われたり，量刑に影響を与えたり，死刑の執行が停止されたりと，様々な面で通常とは異なる対応がなされる。刑事司法の理論に基づくこれらの取扱いに加え，保護観察，執行猶予，仮釈放といった局面で，精神障害に着目した取扱いがなされることもある。精神障害がそのまま無能力（insanity, incompetence）を意味しないことはいうまでもないが，精神障害者がこれらの局面にしばしば登場することも事実である。

（1）訴訟無能力[8]

　日本では，犯罪があった場合に公訴を提起（起訴）するか否かについて検察官に広い裁量が与えられているため，訴訟能力に疑いがある者は，公判に至る前に検察官によって不起訴処分とされ，措置入院等の手続がとられるのが通常の取扱いとなっている。したがって，訴訟無能力を理由に公判手続が停止されることはほとんどないようである。

　これに対してアメリカでは，訴訟能力（competency to stand trial）の問題は，責任無能力の問題ほど世間の注目を集めることはないけれども，それに劣らず，いや対象者の数に着目すればそれよりもはるかに重大な影響を刑事司法に及ぼしている[9]。訴訟能力の争点が提起されれば公判は停止し，鑑定が行われる。審問で訴訟無能力と認定された場合，保釈の取消し，時に法定刑よりも長期（場合によっては生涯！）に及ぶ入院，精神異常という烙印などの不利益が被告人に課されることになる[10]。連邦最高裁がしばしば審理の対象としていることからも，この問題の理論上・実際上の重要性がうかがえる。

　連邦最高裁判所は，一定の場合には訴訟能力を判定する機会を設けることを，裁判所に課せられた憲法上の義務であると明言している（Pate v.

Robinson, 383 U.S. 375〔1966〕)。被告人の訴訟能力にある程度の疑いがあるときには，審問が要求されることが明らかとなったのである。

　訴訟能力の有無を判定する際の証明責任の配分については，1996年時点で，州とするもの，被告人とするもの，この争点を持ち出した側とするものに分かれていた。証明の程度については，相手方よりわずかに証明力が勝っていればよいとする「証拠の優越」を採用する州がほとんどであり，わずか4州が，確信を抱く程度の証明が要求される「明白で説得力のある証拠」という高度な基準を採用していた。[11]連邦最高裁は，訴訟無能力の証明責任を被告人に課すこと，および訴訟能力を推定することは必ずしもデュー・プロセスを侵害しないとし（Medina v. California, 505 U.S. 437〔1992〕)，また，その証明を「明白で説得力のある証拠」で行うように求めるのは被告人に酷であり違憲だとした（Cooper v. Oklahoma, 517 U.S. 348〔1996〕)。

　訴訟無能力の判定が下ると，被告人は州立精神科病院の重保安施設に収容され，その収容は有罪の場合の刑期をはるかに超える長期間，多くの場合終身続くのが一般的であった。このように終身刑と同視しうるケースでない場合であっても，公判が遅延することは，証拠の散逸，不満・不安の増大，重大なスティグマという形で，訴訟無能力者を苦しめる。このような事情を背景に，連邦最高裁は，訴訟無能力のみを理由とする長期かつ不定期の収容は憲法に違反すると判示した（Jackson v. Indiana, 406 U.S. 715〔1972〕)。この判決の結果，収容期間の上限を明示する州（6か月から5年）や，有罪判決を受けた場合の刑の長期あるいはその一定の割合（例えば3分の1）を上限とする州もかなり多数にのぼる。しかし，判決が「合理的な期間」を特定していないこともあって，まだ多くの州が不定期の収容の余地を残している。

（2）責任無能力[12]

　刑事司法制度と精神疾患の関わりで最も議論され，一般の関心も高いのが，犯罪時の責任能力の問題である。日本においては，「心神喪失者の行為は，罰しない」（刑法39条1項），「心神耗弱者の行為は，その刑を減軽する」（同2項）と定める刑事責任無能力者制度の骨格は100年以上変わっていない。心神喪失

とは，精神の障害により事理を弁別する能力，またはその弁別に従って行動を制御する能力を欠くことであるとする大審院判決（1931〔昭和6〕年12月3日）からでも90年近くが経つ。なお，責任能力の規定の仕方として，①行為者に生物学的・医学的な精神の障害が存在したか否かを中心に判定する（生物学的方法），②自由な意思決定の能力の有無とその意思に従って行為する能力を判定する（心理学的方法），③両者を合わせて考える（混合的方法）の3つがあるが，日本は③の方法により，しかも制御能力をも含む広い概念を採用している。[13]

　アメリカにおいて，責任能力の基準や判定手続をどうするかは各法域（連邦・州）に任されている。時代によってその潮流も変化を被ってきたが，最も重大な画期はヒンクリー事件であった。1981年3月30日，ワシントンのホテルを出たところのレーガン大統領に向け，6発の弾丸が発射された。胸を撃たれた大統領をはじめ報道官，シークレット・サービス，警察官が負傷したが，幸い生命に別条はなかった。大統領暗殺未遂，連邦公務員の傷害，銃器使用罪，銃器不法所持等13の訴因で起訴された犯人ヒンクリー（John W. Hinckley, Jr.）に対して，1982年6月21日，コロンビア特別区の陪審は，心神喪失（insanity）による無罪との評決を出した。[14]この無罪評決が全米に巻き起こした憤激は，責任能力基準の大幅な修正を余儀なくさせ，3分の2以上の州が何らかの形で責任無能力制度を改定した。

3　責任能力をめぐる論争[15]

（1）責任能力論の理論的基礎

　「精神病という理由だけで，無罪にしてしまう法律はおかしい」，「責任能力がなくても，何らかの罰を与えてほしい」という声は多い。しかし，これは「身分」ではなく「意思」「行為」を重視する近代法（「身分から契約へ」）にとって譲ることのできない問題でもある。

　近代以前にも，犯罪を行った精神障害者が責任を免れたり，刑罰を軽くされたりということはあった。だが，その理由づけは理性に基づくものではなかった。[16]ローマ法はこういう。「不幸な運命が狂人を弁護する。狂人は自分の病気

によってすでに十分罰せられている」。日本でも中国法の影響を受けて廃疾者（精神病者）の刑を免除・減軽するのが常であったが，これは道徳感情と再犯の可能性の乏しさを考慮したものだという。[17]

　犯罪者に理性（善悪の判断）や自由意思がなければ責任能力がない，という原則が確立したのは，近代刑法が成立する18世紀末から19世紀前半にかけての頃のことである。[18] ドイツ語圏では，プロイセン一般ラント法（1794年）が「自由に行為することができない者の場合は，犯罪もそれゆえ刑罰も生じない」と定め，バイエルン刑法（1813年）は「特に次の者はすべての刑罰を免除される。……(2)狂気の者，精神錯乱者および一般にその者の悟性の使用を，憂鬱症またはその他の重い精神病によって完全に失い，かつ，この状態において犯罪を行った者」と規定した。英語圏では，マクノートン判決（1843年）が嚆矢となった。「精神異常（insanity）の理由による抗弁を成立させるためには，その行為を行った時に，被告人が，精神の疾患のために，自分のしている行為の性質（nature and quality）を知らなかったほど，またはそれを知っていたとしても，自分は邪悪な（wrong）ことをしているということを知らなかったほど，理性の欠けた状態にあったことが明確に証明されなければならない」。

　ここでは，行為者が他の行為を行うことが可能であった（他行為可能性）にもかかわらず，あえて犯罪行為を行った場合にのみ，行為者の責任を問うことができる。責任主義（責任〔非難可能性〕なければ刑罰なし）の誕生である。「病気が治った後に刑罰を受けるようにしてほしい」という意見を聞くことがあるが，犯罪行為の時点の能力の有無を問う責任主義の観点からは，それは認められないということになる。

　責任主義は近代法の大原則であることは間違いないのだが，責任主義の内容は国と時代を超えた普遍的なものではない。責任能力の制度は，科学的・実証的な分析の結果のみによって形成されたものではない。犯罪と刑罰の理念と実情とのせめぎあいの中で，社会の関心に強く影響されながら形作られ修正されてきたものである。したがって，責任能力の定義やその判定方法については，「国民の規範意識」を踏まえることが不可欠となるために，各国で異なるのは当然のことである。[19] 前述のように，日本では明治以来刑法の責任能力の規定は

変わっていないけれども，近年，この制度が揺れている。まず，「制御能力」（事物の是非・善悪の弁別に従って行動する能力）の有無を問うことなく，「弁別能力」（事物の是非・善悪の弁別をする能力）があれば責任能力を認めるという傾向が強まっている。このように，責任主義の原則は不変でも内容は変わりうるのである。

　さらに，責任能力の制度を廃止すべきという主張さえ登場している。ある刑法学者は，「三九条を削除することこそが，犯罪をおかした精神障害者を『人間』にとどめておく唯一の方法である」という[20]。近代以前には，人間は自分が理性的で立派な存在であるとは思っていなかった。ところが近代に至って刑法が，完全に自由な意思により犯罪をするかしないかを選択しうる理性的人間としての犯罪者像というフィクションを製造した。その結果，犯罪を行った精神障害者には理性や自由意思がないとする理由づけによって，精神障害者は「人間」というカテゴリーから排除された。刑法上非難されるのは，理性をもち自由意思であえて犯罪を選択したからではなく，単に他人の権利を侵害するような違法なことをやったからだと考えれば，理性／狂気の二分法は不要になる。そうすれば，起訴前に責任能力の有無を判断されることがなくなり，犯罪をおかした精神障害者の「裁判を受ける権利」（憲法32条）も保障される。精神鑑定は，責任能力判断のために使われるのではなく，「情状」を考慮するために行われる，というのである。

　もちろん，これに対しては，「三九条は基本的な人間の道義や正義の理念」だとの観点からの批判もなされている[21]。この条文の裏の趣旨は，人間は責任があって初めてそれを問われる，それは人間としての正義でもある，という理念を伝えているものであり，それを削除してしまうことによって，その趣旨までが消えてしまうのであれば，裁判は，失敗した人間，弱い人間に対して力を行使して押さえつけ，制裁を加える場，ということだけになってしまう，と危惧する。

　責任能力制度の「揺れ」を最も劇的に経験したのはアメリカ合衆国だろう。アメリカにおいても，心神喪失の抗弁（insanity defense）が行使されるのは刑事事件の１％以下，抗弁が功を奏すのはその４分の１に過ぎない[22]。それでも，

世間の耳目を集めた重大な事件で刑法が責任無能力とされた犯罪者を無罪とすることに社会は憤激する。「刑法は，人間の行動をコントロールする数多くのメカニズムのひとつ[23]」に過ぎないにもかかわらず，怒りの矛先は専ら法（およびそれに関わる人々）に向けられる。法は動揺し，修正を試みる。とりわけ連邦制の国であり民法・刑法等のほとんどが州法によって規定されるアメリカは，責任無能力制度の動向についても，試行錯誤を厭わないアメリカ法の特質もあいまって，壮大な歴史の実験場の様相を呈する。

　以下，アメリカにおける責任能力制度の歴史，現状，課題を概観するなかで，同制度の「揺れ」を法的にいかに評価するか，検討してみよう。

（2）責任能力の判定基準──アメリカの試行錯誤

〔a〕ヒンクリー事件以前

　（ⅰ）　マクノートン・ルール　　現在に至るまで長年，強い影響力をもってきたのが，イギリスのマクノートン（M'Naughten）判決（1843年）に由来する「マクノートン・ルール」である[24]。この基準は，行為の認識・正邪の認識という知的要素にのみ着目し，情意の要素である制御能力を考慮していない。この基準では，多くの精神障害者の責任能力が肯定されることになるとの批判に加え，人間は統合した人格であって，その人格の一要素にしか過ぎない知性をもって行動の決定要因とみることはできないといった難点が指摘された[25]。

　（ⅱ）　抵抗不能の衝動テスト　　そこで，これを拡張しようとする動きが強まり，各州の判例で「抵抗不能の衝動（irresistible impulse）テスト」が採用されるようになった[26]。これは，自分が何をしているかわかりそれが不法だとわかっていても，それを抑圧する強い衝動によって犯罪行為が起こることがよくあるという精神医学の主張に応じたものである。しかし，この基準に対しては，「衝動に抵抗できないこと」と「衝動に抵抗しないこと」との区別が可能なのか，このテストは精神の統一性という観念を無視しているのではないか，といった批判が当初からなされ，採用を拒否する州も多かった。

　（ⅲ）　ダラム・ルール　　ここに登場したのが，ダラム（Durham）・ルールであった。コロンビア特別区巡回区連邦控訴裁判所は，1954年のダラム事件

判決において，より幅の広いテストが採用されるべきであるとして，「被告人の違法行為が精神の疾患または精神の欠陥の所産（product of mental disease or mental defect）であった場合には刑事責任を負わない」という新たな基準を打ち出した。[27]最終的な事実認定は陪審が行うものの，事の性質上精神医学的な鑑定が重要な役割を演ずることになる。このルールの登場により，精神病質・神経症・麻薬常用等を含め，鑑定人が「疾患」「欠陥」とした者は自動的に無罪となるという現象が生まれたという。しかし，実際にこのルールを採用した法域はほとんどない。

(iv)　模範刑法典ルール　　1972年のブローナー判決においてコロンビア特別区巡回区連邦控訴裁判所は，自ら形成したダラム・ルールを廃棄した。[28]ダラム・ルールによる限り，専門家証言による不当な支配を免れることができないというのが最大の理由であった。ダラム・ルールは結局，「ラベルによる裁判」へのドアを開くことになったというのである。[29]

新たに採用したのが，アメリカ法律協会（American Law Institute）の「模範刑法典（Model Penal Code）ルール」（1962年）であった。[30]同ルールは，「(1)犯罪行為の時点で，精神の疾患または欠陥（mental disease or defect）の結果として，自己の行為の犯罪性（criminality）〔邪悪性（wrongfulness）〕を弁別し（appreciate），または自己の行為を法の要求に従わせる実質的（substantial）能力を欠く者は，刑事責任を欠く。(2)本条にいう『精神の疾患または欠陥』なる用語は，犯罪または反社会的行動の反復という形でのみ現れる異常性を含むものではない。」と規定する。ここで用いられている言葉は，法律家・医学者・陪審の3者間において共通理解が十分可能なものであると，ブローナー判決は判断したのである。

マクノートン・ルールが「行為の性質・正邪の認識」のみを求めたのに対して，このルールは「自己の行為を法の要求に従わせる」制御能力をも規定している点が大きく異なっている。他にも，従来の基準が，責任能力の完全なる欠如を要求していたのに対して，「実質的能力を欠く」場合にも責任無能力の余地を認めた点，「知る」に代えて「弁別する」という語を用いることでより深い理解を求めた点などに特徴を有する。「精神の疾患または欠陥」（ダラム・ルー

ル），「自己の行為の邪悪性を弁別する能力」（マクノートン・ルール），「自己の行為を法の要求に従わせる能力」（抵抗不能の衝動テスト）と，既存のルールを総合した形になっている。日本のルールとほぼ同じ内容である模範刑法典ルールは半数以上の州，ほとんどの連邦控訴裁判所で採用された。これが普遍的な責任能力基準となるかと思われた矢先，ヒンクリー事件が起こり，新たな道を模索する動きが始まったのである。

〔b〕ヒンクリー事件以後

（i）ヒンクリー事件と包括的犯罪規制法　ヒンクリー事件において，模範刑法典ルールに基づいて陪審が無罪評決を出したことは，前述のように全米に憤激を巻き起こし，責任能力基準の大幅な修正を余儀なくさせた。3分の2以上の州が何らかの形で責任無能力制度を改定した。国民の規範意識が責任能力論の動向に重大な影響を与えた典型的な事例であるといえる。

連邦議会は1984年，それまで判例に委ねていた責任能力基準について，立法的解決に乗り出した。包括的犯罪規制法（Comprehensive Crime Control Act）は，「(a)被告人が犯罪行為時に，重大な（severe）精神の疾患または欠陥の結果，行為の性質または邪悪性を弁別できなかったことは，連邦法の下での起訴に対する抗弁となる。その他の場合には，精神の疾患または欠陥は抗弁とならない。(b)被告人は明白かつ説得力のある証拠（clear and convincing evidence）によって心神喪失を証明しなければならない」と規定した（18 U.S.C. §20(a)）[31]。精神の疾患または欠陥に「重大な」という限定を付したことをはじめとして，責任無能力の範囲を狭めようとする明確な意図に貫かれた立法であり，ヒンクリー事件がもたらした「果実」の象徴的な例であるといえよう。

（ii）心神喪失抗弁の廃止　ヒンクリー事件後の改革の方向は6点にまとめることができる[32]。第1に，端的に心神喪失の抗弁を廃止した州がある。モンタナ州（1979年），アイダホ州（1982年），ユタ州（1983年），カンザス州（1996年）が独立の心神喪失抗弁を廃止した。ネヴァダ州も1995年に同抗弁を廃止したものの，州最高裁はこれを違憲とした（後述）。

心神喪失抗弁を廃止した州では，精神疾患に関する証拠を公判に持ち出すことが一切許されないかといえばそうではない。訴追された犯罪の成立に必要な

精神状態（mens rea 犯意）を被告人が欠いていたことを立証するためにこれらの証拠が提出されることは許されている。このような方式を「メンズ・レア・アプローチ」と呼ぶ。妄想に基づく犯罪行為であっても，意図してそれを行った限りメンズ・レアが存在すると見なされる。被告人が，精神疾患の故に，狼を殺していると信じて人を殺した場合は，殺人の犯意が存在せず，従来の心神喪失抗弁でも新しい制度でも無罪となるが，狼がそう命じたという妄想から人を殺した場合，人間を殺すことはわかっているのだから有罪となるのである。[33]

　責任無能力の抗弁を廃止したモンタナ州では，予測通り有罪率が上昇したのだろうか。調査によれば，メンズ・レアを欠くという抗弁の容認率は激減したものの，ほぼ同じ比率の被告人が訴訟無能力であると認定されて病院に移されている。[34] 被告人が通常の犯罪者として裁かれ刑罰に服する，という廃止の主唱者の目的は達せられなかったのである。

　(iii)　制御能力基準の削除　　次に，心神喪失の範囲を狭めようとする立場がある。ヒンクリーを無罪に導いた「自己の行為を法に従わせる実質的能力」という基準は，これを測定する科学的基礎を欠き，抗弁制度そのものを危殆に陥れるとして，削除が主張された。その結果，少なからぬ州法・判例が，制御能力基準をはずした新たな基準を打ち出した。前述の包括的犯罪規制法によって，連邦の裁判管轄区では制御能力の欠如は抗弁として認められないこととなったのである。

　(iv)　立証責任の転換　　日本では，責任能力については検察官が立証責任を負うことに疑問の余地はなく，アメリカでもかつては多くの法域でそうだった。ところがヒンクリー事件後，従来立証責任を検察側に負担させていた法域のうち，半分が被告人側に転換した。連邦では従来，被告人の責任能力を検察官が合理的な疑いの余地なく立証しなければならなかったが，1984年の包括的犯罪規制法では，被告人側が明白かつ説得力のある証拠で心神喪失を立証しなければならなくなった。

　(v)　精神科医の証言範囲の限定　　日本では，責任能力の判定は法律判断であって，裁判所は鑑定人の結論に拘束されないことになってはいる。しかし，実務では鑑定人の判断が重視されている。鑑定人は被告人の「精神医学的診

断」のみならず,「行為の是非善悪を弁識する能力及びその能力に応じて自己の行為を制御する能力」を「鑑定事項」として求められることがほとんどであるという[35]。

アメリカでも同様な状況だったが,アメリカ精神医学会(American Psychiatric Association)は,法概念としての責任無能力の問題は精神科医が専門性を発揮しうる事柄ではなく,精神科医の証言は被告人の精神状態や動機の解明に限られるべきであると主張し,連邦証拠規則も,「被告人の精神状態や状況についてのいかなる鑑定証人も…起訴された犯罪構成要素や抗弁を構成する精神の状態や状況に被告人があったか否かまで,意見や推論を断言することは許されない」と,この趣旨に改正されている[36]。

(vi)　心神喪失者の収容　　責任無能力により無罪となった者に対する強制権を強化する動きが強まった。その方法は,釈放に条件を付けること,危険性や精神疾患という通常の強制入院の要件が備わっていない場合であっても一定期間の収容を義務づけること,収容・釈放手続を裁判所で行うこと,その際の挙証責任を無罪者側に転換することなどである。

(vii)　有罪ただし精神疾患　　従来は「有罪」,「無罪」,「心神喪失による無罪」(not guilty by reason of insanity)のみであったが,「有罪ただし精神疾患」(guilty but mentally ill)という評決を選択できる州が増加した。この評決形式は,ヒンクリー事件前の1975年にミシガン州で初めて採用され,事件後少なからぬ州がこれに続いた[37]。心神喪失による無罪を主張する被告人が,精神疾患ではあるものの心神喪失の要件に合致しないと判断したとき,陪審はこの評決をなすことができる。被告人は刑務所で治療を受け,あるいは,精神科施設に収容されて治療を受け,改善後は残りの刑期を刑務所で過ごす。つまり,責任無能力と完全責任能力の中間領域を定めたものである。このような性格故にこれに批判的な反応も強く,アメリカ法曹協会,アメリカ精神医学会等は採用に反対した[38]。この評決は陪審に被告人の行為の倫理的性質を評価するという困難な問題と取り組むことを回避させる妥協的・便宜的な評決の途を与える,また,この評決は被告人に迅速かつ効果的な治療を与えることを前提とするが,現実にはそのような環境は整備されていない,というのである。この評決型式は相

当拡大すると予想されていたが現実にはそうでもなかった背景には，このような根源的な疑問の影響があったものと思われる。

（3）心神喪失抗弁と憲法との関係

〔a〕心神喪失抗弁廃止の試み

　心神喪失の抗弁をめぐって議論はとどまるところを知らず，社会の理解を得ることに難渋している。いっそ，この抗弁を廃止してしまおうという動きが出てきても不思議ではない。実際，心神喪失の抗弁を廃止する試み自体は，実はヒンクリー事件を待つまでもなく，20世紀初めからみられた。ルイジアナ州，ミシシッピー州，ワシントン州で抗弁廃止の立法が成立したが，いずれも州最高裁によって無効とされている。

　ワシントン州最高裁のストラスバーグ判決（1910年[39]）によれば，心神喪失を犯罪成立に対する抗弁としない州法は，犯意（criminal intent）が犯罪の必須の要素であるから州憲法のデュー・プロセス条項に違反し，また犯意の問題を陪審から取り上げることになるから州憲法の陪審裁判を受ける権利を侵害する。次に，ランゲ判決（1929年[40]）において，ルイジアナ州最高裁は，陪審と裁判所ではなく行政委員会による心神喪失の認定を最終決定とする法律が，陪審裁判を受ける権利，裁判所の管轄権，デュー・プロセスに関する憲法規定に違反する，と判示した。また，ミシシッピー州最高裁のシンクレア判決（1931年[41]）は，犯行時の被告人の心神喪失を殺人の起訴に対する抗弁としない州法は，州憲法のデュー・プロセス条項に違反するとした。

　しかし，当時問題になった法律は，犯行時の精神状態を含め公判段階で精神的障害に関する証言を一切認めないというものであって，抗弁を廃止した近年のいくつかの州法の枠組みとは異なることに注意が必要である。それでは，20世紀初頭の廃止法と違って，近年の心神喪失抗弁の廃止は，憲法上問題はないのだろうか。

〔b〕心神喪失抗弁廃止の合憲性をめぐる州裁判所の判例

　（ⅰ）モンタナ州最高裁の合憲判決　　1979年のモンタナ州を初めとして，5州の議会が心神喪失抗弁を廃止し，ネヴァダ州を除く4州で州最高裁がそれを

合憲とした。どのような論理で合憲性を肯定したのだろうか。

　モンタナ州は，立法によって責任無能力の抗弁に関する規定をすべて削除し，「被告人に精神の疾患または欠陥があったという証拠は，被告人に犯罪の要素である精神状態があったか否かの証明に関しては関連性がある」（Montana Code §46-14-102）という規定のみを残した。州最高裁のコーレル判決（1994年）[42]は，以下のように述べてこの規定を合憲とした。

　①責任無能力の抗弁は連邦憲法制定以前にコモン・ローの一部となっていたものであり，基本的権利であるから，これを廃止するのは連邦憲法修正14条のデュー・プロセス条項に違反する，と被告人は主張するが，連邦最高裁は責任無能力の抗弁が憲法上の権利であると判示したことはなく，それどころか，この抗弁の内容をどうするかは州の権限に属するとする先例が存在している[43]。責任無能力の抗弁が積極的・独立の抗弁として認められたのは19世紀のことである。責任無能力の抗弁を廃止した州法を違憲とした州裁判所の古い判例があるが（前出〔a〕），そこで問題になった法律は公判段階で精神的障害に関する証言を一切認めないというものであって，モンタナ州法とは異なっている。以上の理由から違憲とはならない。

　②妄想によって行為する被告人や制御能力を欠く被告人がメンズ・レアをもつとして有罪とするのはデュー・プロセスを侵害すると被告人は述べるが，これらの要素は量刑の段階で考慮されるから，憲法上の権利が侵害されたとはいえない。

　③責任無能力の抗弁を廃止するのは，連邦憲法修正8条の残酷かつ異常な刑罰の禁止に違反するとも主張されるが，モンタナ州法は犯罪行為を行っていない精神障害者の処罰を許すものではないからこの主張は当たらない。

　④刑事裁判で精神障害者に有罪のスティグマを課すのは基本的な正義の原理に反するとも主張されるが，モンタナ州のようなポリシーは，行為の犯罪性を弁別する能力を欠く精神障害者に対しては犯罪抑止の効果をもたないけれども，社会防衛と教育という目的は増進される。

　(ⅱ)　アイダホ州最高裁の合憲判決　1982年，アイダホ州はいかなる犯罪行為の起訴に対しても抗弁として精神状態を使用することを禁止し，「犯罪の要

素とされているメンズ・レアまたは精神状態に関する専門家の証拠を証拠法則に従って許容することを妨げない」と規定した（Idaho Code §18-207）。被告人は心神喪失抗弁の禁止がデュー・プロセスを侵害していると主張したが，州最高裁のサーシー判決（1990年）[44] は，次のような理由を挙げて合憲とした。

　①州法は，責任のある被告人のみが有罪とされるというコモン・ローの基本的前提を否定していない。

　②連邦最高裁のウィンシップ判決（1970年）[45] が，デュー・プロセス条項は「被告人が訴追されている犯罪を構成するのに必要なあらゆる事実について，合理的な疑いの余地のない証明がある場合を除いて，同人を有罪判決から保護する」と述べているが，州法によれば，被告人が犯意を否定するために精神障害の証拠を提出することは禁止されていない。

　③本件の争点について連邦最高裁は直接扱っていないが，関連の判決文からはむしろ，デュー・プロセスは州が独立の抗弁としての心神喪失を提供することを要求していないことが示唆される。レーランド判決（1952年）[46] は，デュー・プロセスによって特定の責任能力基準が要求されることを否定した。パウエル判決（1968年）[47] は，メンズ・レア，心神喪失等の法理は刑法の目的と人間についての宗教・道徳・哲学・医学的見解との調整の役割を果たすが，その調整は州の職分であると判示した。さらに，エイク判決（1985年）[48] におけるレーンキスト裁判官の反対意見は，デュー・プロセスによって州が心神喪失の抗弁を利用させなければならないか疑わしいと述べた。

　④同じく心神喪失抗弁を廃止したモンタナ州法について，同州最高裁はこれを合憲とした（前出(i)）。

　(iii)　ユタ州最高裁の合憲判決　　ユタ州は1983年，「被告人が精神疾患の結果起訴されている犯罪の要素として必要な精神状態を欠くことは，いかなる法令の下での起訴についても抗弁となる」としつつ，「精神疾患はその他の場合には抗弁とならない」と規定した（Utah Code Ann. §76-2-305(1)）。州最高裁は，ヘレラ判決（1995年）[49] において，次のように述べて違憲の主張を退けた。

　①被告人は連邦最高裁のレーランド判決を，心神喪失基準のいずれを採用しても自由だがそのすべてを拒絶してメンズ・レア・モデルを採用することは憲

法上許されない旨を判示したものと解したが，同判決は，州に対して心神喪失の被告人を処遇する様々なアプローチについて一定の実験を許したものと読むべきである（パウエル判決等も引用）。

②積極的な抗弁としての心神喪失抗弁が我が法システムに深く根ざしており，その廃止は法と正義の基本的原理を傷つけるからデュー・プロセスを侵害すると被告人は主張するが，アイダホ州最高裁のサーシー判決がいうように，その歴史は不統一で多様である。また，モンタナ州最高裁のコーレル判決と同様，コモン・ローと秩序ある自由（ordered liberty）という基本的原理はメンズ・レア・モデルによって傷つけられるわけではないと判断する。

③被告人は心神喪失抗弁を廃止した州法を違憲とした20世紀初頭の3判決に依拠するが，そこでは公判で精神状態に関する証言を一切排除する制度が対象になっており，被告人が犯罪成立に必要な精神状態を否定するために精神疾患に関する証拠を提出することが許されるユタ州法とは異なる。

④ユタ州が心神喪失者・精神障害者の治療のパイオニアであった歴史の故に，州憲法のデュー・プロセス保護は連邦よりも手厚く，したがって心神喪失抗弁の廃止を許さないと被告人は主張するが，歴史のユニークさと州憲法の解釈は別問題である。州のポリシーは州憲法のデュー・プロセスの権利を侵害しない。

⑤同じ妄想に基づく殺人でも，メンズ・レア・モデルのもとでは，人間ではなく物だと思って人を殺した場合にはメンズ・レアがないことになるが，攻撃されるという妄想から正当防衛のつもりで殺した場合には有罪となる。これは妄想の内容によって人を不合理に差別するものと被告人は主張するが，メンズ・レア・モデルは意図をもって行動した者に責任を負わせるという目的のための正当な手段であるから，両者の区別には合理的な基礎がある。

⑷　カンザス州最高裁の合憲判決　　同州は1996年に心神喪失抗弁を廃止した。「被告人が精神の疾患または欠陥の結果，起訴されている犯罪の要素として必要な精神状態を欠くことは，法律上の起訴に対しても抗弁となる。精神の疾患または欠陥はその他の場合には抗弁とならない」（Kansas Statutes Ann. 22-3220）と，ユタ州法と類似の規定となっている。ベセル判決（2003年[50]）において

州最高裁は，次のように述べて合憲とした。

　①心神喪失抗弁の廃止は，「我が人民の伝統と良心に根ざすが故に基本的と位置づけられる正義の原理を傷つけ[51]」，従って連邦憲法修正14条のデュー・プロセス条項に違反するか否かについて，被告人側はネヴァダ州最高裁のフィンガー判決（後述）に依拠し，州側は心神喪失抗弁を合憲とした3州の最高裁判決を引用する。両者を区別する鍵は，メンズ・レアに対する見方の違いである。フィンガー判決が「邪悪性」（wrongfulness）こそがメンズ・レア概念の不可欠な要素とみるのに対し，3州は行動が「悪」であると知っていることは一般的に犯罪の要素とはいえないと捉える。フィンガー判決が心神喪失をデュー・プロセス条項のもとで基本的原理とみるのも，それをメンズ・レア概念のコロラリーとみているからである。歴史をみる際にも，フィンガー判決は正邪を識別できない被告人を保護してきた長い歴史に目を向け，基本的な原理と位置づけるのに対して，他の3州は心神喪失抗弁の歴史のみをみて基本的とは捉えない。我々は，積極的な心神喪失抗弁は19世紀の創造物であり，基本的といえるものではないと結論する。

　②精神疾患の結果として犯罪を行った者を処罰することは，彼が精神疾患をもつが故に処罰することと同じであり，修正8条で禁止される残酷で異常な刑罰であると，被告人は主張する。しかし，州法が精神疾患を犯罪としていないのは明らかであり，違憲とはならない。

　（ⅴ）ネヴァダ州最高裁の違憲判決　　以上4州の心神喪失抗弁廃止がそれぞれの州最高裁によって合憲のお墨付きを得たのに対し，ネヴァダ州の最高裁は異なる結論を出した。ネヴァダ州は1995年に，「心神喪失により無罪」の評決を廃止し，代わりに「有罪ただし精神疾患」を創設した。併せて，犯罪成立に必要な目的，動機または意図を審理する際に心神喪失を考慮に入れてもよいと規定した。州最高裁は，フィンガー判決（2001年[52]）において，同種事案で初めて違憲判決を下した。

　①デュー・プロセス条項は，アメリカの正義にとって基本的と見なされる諸原理を保護する。犯罪遂行に必要な意図（メンズ・レア）を形成することができない被告人が有罪とされてはならないというのは基本的原理である。それ

は，人間の意思の自由と同様に成熟した法体系において普遍的かつ永続的なものである。メンズ・レアは刑法の基本的側面であり，心神喪失も同様に基本的原理である。心神喪失を抗弁とすることは，何世紀にもわたり文明化された法体系すべてによって認められてきた核心的な原理である。歴史的にこの抗弁は様々な定式化を経験してきたが，その本質は，被告人が自分の行為の性質およびそれが悪いことであることを知る精神的能力をもたなければならないということである。メンズ・レア・モデルはすべての犯罪から邪悪性の概念を除去する効果をもつ。

②我々の結論は，同じ争点を考察した20世紀初頭の州最高裁判例（前出〔a〕）と一致している。州側は，これらの判例は心神喪失の証拠を公判にまったく持ち出せない制度に関わるもので本件には適用できず，むしろ近年の心神喪失抗弁廃止を合憲とした州最高裁判決（前出(i)～(iii)）に従うべきだという。後者の 3 判決は連邦最高裁判決[53]に依拠して，心神喪失抗弁にデュー・プロセスの保障が及ばず，州に委ねられていることを強調する。しかし，先例のこのような読み方には無理がある。

③心神喪失抗弁は堅固に確立した基本的原理であり，従って連邦・州憲法のデュー・プロセス条項によって保護されている。これを廃止した州法は違憲であり，執行することができない。抗弁の提起の仕方（積極的抗弁か，反証可能な責任能力の推定か）や証明の程度については立法府が自由に決定できる。しかし，心神喪失抗弁を廃止したり，基本的原理を傷つけるような仕方でそれを画定してはならない。立法府が邪悪性の概念を除去しうるとすれば，それは犯罪自体を再定義する場合のみである。

④積極的抗弁として心神喪失を提起することが連邦・州憲法上要求されてはいないが，犯意（criminal intent）をもたない被告人が有罪とされることは禁止されている。現行制度は，犯罪遂行の意図を構成する精神的能力を欠く場合であっても有罪とされうる点で，連邦・州憲法上のデュー・プロセスを侵害する。

〔c〕心神喪失の抗弁と連邦最高裁

（i）　心神喪失抗弁の憲法問題　　心神喪失の定義や立証のあり方については

多様であるが，この問題を扱ったすべての州で，人を有罪にするためには何らかの形で精神疾患を考慮に入れることがデュー・プロセスによって要求されていると判断している。積極的抗弁としての心神喪失を廃止した州にあっても，州最高裁は，その廃止は合憲とするものの，メンズ・レアの要素として精神疾患を考慮することがデュー・プロセスに適合していると判示しているのである。ベセル判決・フィンガー判決で明らかなように，心神喪失抗弁の合憲・違憲を分岐させるものはメンズ・レアを憲法上どう位置づけるかという視点の違いである。心神喪失抗弁を基本的原理と見るか否かを判断する際に持ち出される歴史に関する証拠の内容も，その解釈によって異なる。

　(ⅱ)　訴訟能力問題と憲法　　連邦最高裁は，心神喪失抗弁の憲法的位置づけについて正面から判断したことはない。しかし，関連領域である訴訟能力問題については豊富な検討の歴史がある。被告人の精神が異常である間，公判に付すことは許されないとの原則は，コモン・ローによって古くから確立していた。これをより具体的に，法的に無能力である被告人を有罪にすることはデュー・プロセスを侵害するから，一定の場合には訴訟能力を判定する機会を設けることを，裁判所に課せられた憲法上の義務であると明言したのが，連邦最高裁のペイト判決（1966年）[54]であった。

　さらに，訴訟能力の判定手続の際に必要とされる立証責任や証明の程度について，連邦最高裁はメディーナ判決（1992年）[55]で初めて取り組んだ。最高裁は，刑事手続を規制する州の権限は，「我が人民の伝統と良心に根ざすが故に基本的と位置づけられる正義の原理を傷つける[56]」ことのない限り，連邦憲法修正14条のデュー・プロセス条項の統制を受けないと述べて，被告人が訴訟無能力を「証拠の優越」によって証明しない限り訴訟能力が推定されると定めるカリフォルニア州法の規定がデュー・プロセス条項に違反しないと判示した。州はこの領域に精通しているし，刑事手続は長年の伝統の上に成立しているものであるから，州議会の判断を尊重することが望ましいというのである。

　ところが，被告人側が訴訟能力を欠くことを「明白で説得力のある証拠」という高い基準で証明するよう求める州法に対しては，連邦最高裁の態度は違った。クーパー判決（1996年）[57]は，刑事手続を規制する州の権限は尊重されるべ

きであるが，「我が人民の伝統と良心に根ざすが故に基本的と位置づけられる正義の原理を傷つける」場合には，デュー・プロセスの要求に従わなければならないと述べて，この基準を違憲とした。英米のコモン・ローで採用された証明基準は一貫して「証拠の優越」であったし，現行法をみても，「明白で説得力のある証拠」を要求するのはわずか 4 州に過ぎず，その他の州では，「証拠の優越」か，あるいは証明責任を（被告人ではなく）州側に課している。このように被告人の権利を擁護する基準がほぼ普遍的に採用されていることが違憲判断の主要な根拠とされた。

　(iii)　連邦最高裁の判断基準　　訴訟能力に関する判例からうかがえるのは，刑事手続に関しては州の裁量が広く認められるが，州の制度が「伝統」と「良心」に基づいて見出される「基本的な正義の原理」を傷つける場合にはデュー・プロセス違反とされることがありうる，という判断枠組みである。その判断要素として重要なのがコモン・ローの状況や州法の潮流だが，心神喪失抗弁の場合，訴訟能力問題と比べても判定基準・手続ともにはるかに多様であることが，憲法上の要求を定式化する困難を増しているように思われる。

　州最高裁の判決で引用されているように，連邦最高裁がこれまで心神喪失抗弁について明確に論じたのは，犯罪行為と抗弁を定めるのは州の職分であるというパウエル判決（1968年）と，精神医学の不確実や心神喪失の一貫性のない歴史を思えば，特定の心神喪失基準の採用がデュー・プロセス条項によって要求されてはいない，抵抗不能の衝動テストの採用が秩序ある自由の概念に含まれてはいない，としたレーランド判決（1952年）に限られる。抗弁廃止を合憲とした州最高裁はこれに拠って，心神喪失抗弁に対する憲法上の権利は存在しないと解したのである。

　(iv)　クラーク判決　　この問題について，連邦最高裁のクラーク判決（2006年）[58]から一定の示唆が読み取れるかもしれない。1993年にマクノートン・ルールの 2 つの構成要素のうち認識無能力の部分を削除し是非弁別能力のみとしたアリゾナ州法の合憲性を扱ったこの判決は，心神喪失基準について次のように述べた。

　①上訴人は，マクノートン・ルールから認識能力を削除することは「我が人

民の伝統と良心に根ざすが故に基本的と位置づけられる正義の原理を傷つける」と主張するが，歴史は同ルールが基本的原理のレベルまで高められたことを示していない。いかなる心神喪失基準もデュー・プロセスの基本線にはなっておらず，相当程度州のポリシーに委ねられている。

　②1993年まで採用していた完全なマクノートン・ルールは憲法上適切だが，現在のルールも認識能力の欠如に関連しており，同様に適切である。是非弁別能力基準を適用して行為の性質に関する認識能力を評価できるわけではないというのは上訴人のいうとおりだが，認識無能力が是非弁別無能力を示す十分な証拠となることは認められる。もし被告人が自分が何をしているか知らなかったら，悪いことをしていることがわかるはずもないからである。デュー・プロセスは，アリゾナ州が心神喪失の基準として是非弁別能力のみを用いることを禁止していない。

　アリゾナ州は心神喪失抗弁を廃止したわけではないのだから，この判決が心神喪失抗弁の憲法的位置づけについて結論を出していないことは確かである。しかし，気になるのは，脚注で，最高裁は心神喪失の抗弁が憲法上要求されていると判示したことはないと述べ，続いて，それが憲法上要求されていないと判示したこともないと付け加えていることだ。特に後者の表現をもって，最高裁が「抗弁は憲法上要求されていない」と断定したくなかったのだと解する論者もいる[59]。この論者は，メンズ・レアには，故意など特定の犯罪の構成要素としての精神状態を意味する「特別な」メンズ・レアと，刑事責任の前提条件としての法的能力を意味する「一般的な」メンズ・レアとがあり，デュー・プロセスはその両方を要求している。メンズ・レア・アプローチは後者を削除するものだから違憲だとしている。

　このように，判例の主流はメンズ・レア・アプローチを合憲とするが，この学説やネヴァダ州のフィンガー判決のような違憲論も無視できない。ある州最高裁が，責任無能力に関する法は「精神障害者の行動から公衆を守る必要性と，重度の精神障害者の中にはメンタルヘルス問題を持たない者と同等の責任を保有していない者がいるかもしれないという我々の認識との間の対立をめぐる社会の継続的な苦心の産物」[60]と述べている。犯罪と刑罰の理念と実情とのせ

めぎあいの中で，社会の関心に強く影響されながら形作られ修正されてきた責任無能力制度の試行錯誤はまだ終わっていない。

4　犯罪を行った精神障害者の処遇

（1）アメリカにおける責任無能力者処遇制度

〔a〕制度の概要

　残虐な殺人事件の犯人が責任無能力として無罪とされることに人々は納得することができない。重大犯罪を行ったものの責任無能力を理由に無罪となった者の処遇について，社会は決して無関心ではいられない。マスコミが大きく報道した事件で被告人が責任無能力により無罪となった時などは特に，人々はこのような者に刑罰を免れさせる刑事司法制度に憤激する。責任主義の原理と，重大犯罪を起こした者が自由に街を歩くことに反発し恐怖する市民感情とのせめぎ合いのなかで，社会は苦悩し，厳しい選択を迫られ，無罪者であるにもかかわらず彼らを収容する制度を用意することを検討せざるを得ない。

　日本には従来責任無能力により無罪（あるいは不起訴）になった者に対する特別の処遇制度は存在しなかったが，2003年の心神喪失者等医療観察法制定により新たな段階に入っている。アメリカでは以前から無罪者に対する特別の処遇制度をもつ州がほとんどだった。各州の処遇制度は，次の３類型に分けられる。[61]

　（A）通常の強制入院の要件に該当するか否かを観察するために一定期間（通常30日）自動的に収容し，その後審問の結果必要ならば強制入院に移行するもの

　（B）期限を定めることなく自動的に収容するもの

　（C）無罪認定後直ちに審問を開き，要件に該当すれば収容するもの

　収容（criminal commitment と称されることがある）または収容継続の条件として審問の機会を設けている場合でも，そこでの手続的保障の程度が通常の強制入院（civil commitment）の手続と異なることも少なくない。例えば，強制入院手続では専ら州側が負担する実体要件（精神疾患，自他への危険など）の立証責

任を無罪者側に負わせ，要件に該当しないことを立証させるものや，州に負担させる場合でも，強制入院手続の証明の程度よりも低い「証拠の優越」による証明で足りるとするものなどがみられる[62]。

　退院については，収容時以上に慎重な手続が採用されている[63]。過半数の州で退院を裁判所の許可に係らしめている。また退院のための審問において，退院要件に合致するか否かの挙証責任を無罪者に負担させる州が多い。退院時の条件の厳しさは，病院長の判断によって退院を許可する通常の強制入院の場合と好対照をなす。ヒンクリー事件後，条件付退院制度を導入する州が増えた[64]。なお，収容期間について，有罪であれば受けていた法定刑の上限という限定を付す州もみられる。

〔b〕責任無能力者処遇制度の合憲性

　このような収容制度は，憲法上正当化されるのだろうか。連邦最高裁は，1983年のジョーンズ判決において，次のような論理で自動的収容制度（類型A）を合憲とした[65]。責任無能力による無罪という結果は，被告人が犯罪を行ったこと，および精神疾患の故にそれを行ったことを立証している。まず，犯罪を行ったという事実は危険性を示しているし，精神疾患の故にそれを行ったという事実は，現在もなおその状態が継続しているとの推測を許すものである。

　また，手続については，通常の強制入院手続におけるような保障は必要とされないという。まず，無罪者自身が抗弁として責任無能力を主張し，犯罪行為が精神疾患の所産であると立証しているのであるから，誤りのリスクは軽減している。また，単なる奇矯な振る舞いの故に収容されるおそれは，犯罪を行ったという証明がなされているためあり得ない。したがって，無罪者の収容手続はデュー・プロセスに適合する，と最高裁は判断したのである。

　連邦最高裁は一方で，1992年のフーチャ判決において，危険性があるというだけでは，責任無能力で無罪とされた者を収容することは許されないと明言した[66]。同判決は，「身体的拘束を受けない自由」を制約しうる場合として，①有罪判決を受けた者の拘禁，②精神疾患を有し，危険であることが立証された者の拘束，③一定の例外的状況において，他人や地域にとって危険な者を限定的に拘束する場合，の３つを挙げる。簡略化された手続による危険性の認定のみ

で責任無能力無罪者を収容するルイジアナ州の制度は，②にも③にも該当しないとして，違憲と断じたのである。

　以上のようなアメリカの議論を踏まえたうえで日本の状況をみていこう。

（２）心神喪失者等医療観察法[67]

〔a〕法制定の背景

　2003 年 7 月，心神喪失等の状態で重大な他害行為を行った者の医療及び観察等に関する法律（心神喪失者等医療観察法。以下，医療観察法）が制定された（2005年 7 月施行）。この種の制度の導入を主張する声は以前から存在していた。法律家が精神衛生法の問題点に目を向けていなかった1960年代[68]，同法の改正すべき点を鋭く指摘した論稿において，精神医学者が「治療上特殊保安を要する精神障害者を収容・治療する精神病院（特殊精神病院）を国が設置すべき」[69]と述べている。法律家からも，精神障害者が裁判官により責任無能力または限定責任能力と判断された場合に，治療効果を期待できない刑罰の執行に代わって，裁判によって治療・改善のために言い渡される司法処分である「刑事治療処分」導入が主張されていた[70]。1960年代初め頃，新聞・学界（法学・医学）は保安処分を「進歩的」「刑事政策の大きな前進」と歓迎していた[71]。

　しかし，刑法改正をめぐる議論が本格化した1970年代以降，この種の制度の導入に批判的な声が高まってきた[72]。法制審議会が1974年に公表した「改正刑法草案」は，責任無能力または限定責任能力の状態にある精神障害者が禁錮以上の刑にあたる行為をした場合で，治療および看護を加えなければ将来再び禁錮以上の刑にあたる行為をするおそれがあり，保安上必要があると認められるときには，裁判所が法務省管理下の保安施設に収容して治療・看護を行う「治療処分」（収容期間は原則 3 年，最長 7 年）を言い渡すことができるという，「保安処分」制度の導入を提案した[73]。これに対して日本弁護士連合会や日本精神神経学会などから強い反対が表明され，法務省刑事局が1981年に修正案「保安処分制度の骨子」（収容期間は原則 1 年）を発表したが，反対の声が止むことはなく，結局保安処分の導入は見送られた。

　いったんは終結したこの議論が再び息を吹き返したのは，措置入院歴をもつ

者が児童 8 人を殺害した「大阪教育大付属池田小学校事件」(2001年 6 月 8 日)によるものだった。首相が直ちに刑法などの改正を唱え、たまたま同年 1 月に発足していた法務省・厚生労働省合同検討会の場での検討を促した。その後の動きは早く、 6 月末に厚生労働省と法務省が「司法の関与する第三者機関で入退院の判断をする」ことで合意し、 8 月初旬には新制度の政府案概要を厚生労働大臣が発表した。この動きに対して、日本精神病院協会（民間精神病院の団体）は賛成の立場、日本精神神経学会は反対の立場を表明し、日本弁護士連合会は裁判官の関与のない対策案を提案した。

　2002年 3 月、政府案が閣議決定された。その審議で最も問題になったのが、「医療を行わなければ心神喪失または心神耗弱の状態の原因となった精神障害のために再び対象行為を行うおそれがあると認める場合」という強制入院・強制通院等の要件だった。「再び対象行為を行うおそれ」を予測する確実な科学的方法はなく、本来対象外である者に不利益な処分が科されるという人権保障上の問題がある、また仮に「再犯のおそれ」が認定できるとしても、それは社会防衛を根拠とする「保安処分」であって、本人の利益にも社会の利益にもつながらない、という批判が相次ぎ、法案は可決に至らず継続審議となった。その結果、政府案は修正され、「対象行為を行った際の精神障害を改善し、これに伴って同様の行為を行うことなく、社会に復帰することを促進するため、……この法律による医療を受けさせる必要があると認める場合」(法42条 1 項)となった。確かに、修正によって社会防衛的な色彩は薄れ、社会復帰や医療提供の側面が強調されている。しかし、この修正により社会防衛的な要素がすべて払拭されたかといえばそうではない。依然として「同様の行為を行うことなく」という表現が残っており、そもそも精神保健福祉法による非自発入院システムとは別に、重大な犯罪を行った精神障害者のみを対象とする強制医療制度を作ること自体、社会防衛の目的を含むものであることを否定できない。この点をいかに評価するかによって、医療観察法の法的性質がいかなるものかについて考えが分かれる（後述）。

〔b〕医療観察法の概要

　医療観察法は、心神喪失または心神耗弱の状態（精神障害のために善悪の区別

図 5 - 1　医療観察法の仕組み

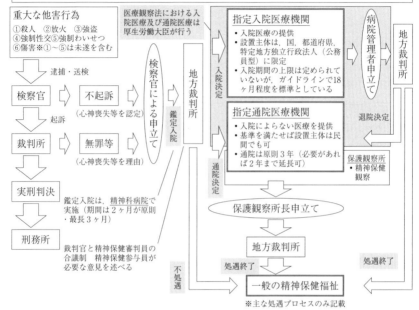

（制度は，法務省・厚生労働省共管）平成15年 7 月成立・公布，平成17年 7 月15日施行

出典：厚生労働省 HP 〈https://www.mhlw.go.jp/stf/seisakunitsuite/bunya/hukushi_kaigo/shougaishahukushi/sinsin/gaiyo.html〉

がつかないなど，刑事責任を問えない状態）で，重大な他害行為（殺人，放火，強盗，強制性交等，強制わいせつ，傷害）を行った者に対して，適切な医療を提供し，社会復帰を促進することを目的とした制度である。心神喪失等の状態で重大な他害行為を行い，不起訴となった者，無罪または執行猶予等が確定した者に対して，検察官は，医療観察法による医療・観察を受けさせるべきかどうかの決定を地方裁判所に申立てる。

　検察官からの申立てがなされると，鑑定を行う医療機関での入院等が行われるとともに，裁判官と精神保健審判員（必要な学識経験を有する医師）の各 1 名からなる合議体による審判で，この法律による処遇の要否と内容の決定が行わ

れる。審判の結果，医療観察法の入院による医療の決定を受けた者に対しては，厚生労働大臣が指定した医療機関（指定入院医療機関）において手厚い専門的な医療の提供が行われるとともに，この入院期間中から，法務省所管の保護観察所に配置されている社会復帰調整官により退院後の生活環境の調整が実施される。また，医療観察法の通院による医療の決定（入院によらない医療を受けさせる旨の決定）を受けた者及び退院を許可された者については，保護観察所の社会復帰調整官が中心となって作成する処遇実施計画に基づいて，原則として３年間，地域において厚生労働大臣が指定した医療機関（指定通院医療機関）による医療を受けることとなる。なお，この通院期間中においては，保護観察所が中心となって地域処遇に携わる関係機関と連携しながら本制度による処遇が実施される。

〔ｃ〕医療観察法の法的性格

　医療観察法がいかなる法的性格をもつかをめぐり，本法は触法精神障害者に適切な医療を与えることにより公共の安全にも配慮するものであり，精神保健福祉法の延長上にある医療法であるとする立場[77]と，再犯の可能性を医療観察法による強制医療の正当化根拠のひとつとして正面から認め，保安法とみるべきとする立場[78]が対立している。「継続的かつ適切な医療並びにその確保のために必要な観察及び指導を行うことによって，その病状の改善及びこれに伴う同様の行為の再発の防止を図り，もってその社会復帰を促進することを目的とする」（１条１項）という法律の目的規定，「対象行為を行った際の精神障害を改善し，これに伴って同様の行為を行うことなく，社会に復帰することを促進するため」（42条１項）という処遇要件規定をみれば，いずれの立場も成立しうる。

　医療法説は，医療観察法が精神保健福祉法と質的に同じ精神医療法であり，重大な他害行為を行った精神障害者の利益をはかるための新たな医療処分を補充したものと理解しているのに対し，保安法説は，医療観察法を精神保健福祉法とは質的に異なる，危険な精神障害者から社会の利益・安全を守るための医療処分だとみている[79]。

　法の目的に関する争いは，強制医療の要件である「医療の必要性」「治療反応性」の解釈にも連動する。まず，対象者について精神保健福祉法による医療

で十分である場合に医療観察法による「医療の必要性」をいかに判断すべきか。この点，最高裁判所は，対象者が医療観察法の要件に合致すると認められれば，裁判所は同法による医療を受けさせる旨の決定をしなければならず，措置入院等の医療で足りるとして同法による医療を行わない旨の決定をすることは許されない，と判示した（最判平成19年 7 月25日刑集61巻 5 号563頁）。これは，医療観察法と精神保健福祉法は目的・性質を異にする法律であることを明らかにしたものであり，本法を保安法と見る立場の方が本法による医療を優先すべきという解釈につながりやすいという点からみれば，保安法説の立場に近いといえる。

　次に，法の性格をめぐる争いは誰を強制医療の対象にするかということにも影響する。法が対象として想定しているのは統合失調症や気分障害だが，それらの患者は精神保健福祉法の下での治療でも社会復帰可能な者の割合が高い。医療現場が期待したのは物質関連障害や人格障害の治療システムであったが，それらが「医療の必要性」や「治療反応性」がないとして除外されるのでは制度の存在意義が問われる，という医療者の見解もある。[80]

　このように医療観察法の法的性格をめぐる意見の対立は理論的・実務的に重要な問題であるが，実は「医療の必要性」と「再犯防止」の両方を何らかの形で考慮する点で両説は共通する。保安法説は，再犯の防止のための強制医療は正当化されるが，精神科医療の枠内で医療の必要性が認められる場合に限られるという限定が付加されるという。[81]一方，医療法説は，後見的医療の範囲が過剰に広範になることを避けるための制約的原理として再犯の危険性を挙げる。[82]これらの他，医療観察法の目的は対象者の社会復帰の促進であり，再犯防止は病状の改善に伴ってもたらされる反射的効果に過ぎないという立場も存在する。[83]「端的に言って，医療なのか，保安なのか」[84]という論争は終結していない。

〔d〕法の運用・効果に対する評価

　施行後の評価は様々である。従来ないものとして扱われてきた患者の治療や社会復帰の問題が法施行後日の当たる場所へ出され，実際に長期入院者が社会復帰できた，[85]本法を「医療による社会復帰法」として運用しようとする関係者の努力が実りつつある，[86]という評価がある一方で，保安の観点からも（対象行

為の存否の立証が不十分，法の趣旨に合わない軽度傷害の申立て），治療の観点からも（鑑定入院中の不十分な治療，対象行為から期間をおいての申立て，居住地から離され，スティグマを付される治療），問題が山積しているとの指摘もある[87]。

　また，政府は医療観察法制定を機に，他の診療科に比べて質の貧困が指摘されている精神科医療全体の底上げに取り組むとしばしば強調した[88]。法の附則にも，「政府は，この法律の対象にならない精神障害者に関しても，この法律による専門的な医療の水準を勘案し，個々の精神障害者の特性に応じ必要かつ適切な医療が行われるよう，精神病床の人員配置基準を見直し病床の機能分化等を図るとともに，急性期や重度の障害に対応した病床を整備することにより，精神医療全般の水準の向上を図る」（附則3条2項）と明示されている。しかし，多くの人が期待したであろう一般精神科医療の水準向上という政府の約束は，残念ながら実現していない[89]。

〔e〕医療観察法の合憲性

　医療観察法は，対象者に強制処分を課すものであるから，憲法が保障する各種の自由権や適正手続原理，平等原則と緊張関係に立つ。ここでは，適正手続保障と平等原則との関係について考察する。

　法の処遇要件（42条1項）は，憲法31条（または13条）が要求する実体的適正の内実である「入院要件の明確性」をクリアしているだろうか。前述のように，医療観察法の政府原案では当初，入院の要件を「再び対象行為を行うおそれがあると認める場合」としていた。しかしその後，「再犯のおそれ」の予測は不可能であるという批判にさらされ，現在の規定に修正された。提案者は次のように説明している。「今回の修正は，本人の精神障害を改善するための医療の必要性が中心的な要件であって，それを明確にする。そして同時に，このような医療の必要性の内容を限定し，精神障害の改善に伴って同様の行為を行うことなく社会に復帰できるように配慮することが必要な者だけがこの対象となることを明確にする」[90]。したがって，「対象者の精神障害に，例えば治療可能性がなくて医療の必要性がない場合，それからこの法律による手厚い専門的な医療までは特に必要がないと認める場合，あるいは対象者の精神障害について単に漠然とした危険性のようなものを感じられるというものにすぎないような

場合⁹¹⁾」には対象にならない。また,「精神障害の程度が比較的軽くて,また,
身近に十分な看護能力を有する人が,あるいは家族がおって,継続的な通院が
十分期待できるような場合には,この要件には該当しない⁹²⁾」とされている。

　最高裁は,刑罰法規の犯罪構成要件が不明確の故に31条に違反するかどうか
は,「通常の判断能力を有する一般人の理解において,具体的場合に当該行為
がその適用を受けるものかどうかの判断を可能ならしめるような基準が読みと
れるかどうかによってこれを決定すべきである⁹³⁾」としている。医療観察法の入
院命令は,刑事手続ではないとはいっても,無期限で身柄が拘束されるもので
ある。提案者の説明によって補足しなければ対象者が確定しないという意味
で,この要件は明確性を欠くといわざるを得ない。刑罰法規の明確性の要件に
違反して違憲と断じた判例はなく⁹⁴⁾,必ずしも厳格に適用されていない現状か
ら,直ちに違憲ということはできないとしても,実際の適用にあたっては,
(政府の説明が妥当かどうかは別にして)限定解釈を施す必要がある。

　さて,医療観察法が規定する入院要件は,「再犯のおそれ」ではなく「医療
の必要性」とされた。社会防衛ではなく治療のための強制入院であれば許容さ
れると考える向きもあるが,身体の自由(身体的拘束からの自由)を重く捉える
憲法の立場からすれば,「治療の必要性」要件自体の正当性が問われる。医療
観察法は,医療の必要性の内容を限定して,「精神障害を改善し,これに伴っ
て同様の行為を行うことなく,社会に復帰することを促進するためにこの法律
による医療を受けさせる必要がある」者とする。提案者によれば,治療の可能
性がない者,治療の必要性の低い者,危険性の低い者,強制入院以外の方法で
治療が確保される者は対象外となるという。

　これは結局,アメリカ連邦最高裁のフーチャ判決が⁹⁵⁾「長期の身柄拘束の憲法
上適切な目的」としてあげる3つの目的のうち,②治療と社会防衛を目的に,
精神障害を有しかつ危険であることが立証された者を収容する場合にあたるも
のといえる。アメリカの判例は,前述のように,これが合憲となるためには,
治療の必要性のみでは足らないこと,また予測される危害が重大で,かつ,危
害発生の確率が極めて高いことが求められるとしている。医療観察法が対象を
一定の重大な他害行為を行った者に絞っているにしても,「同様な行為を行う

こと」の予測が要件に組み込まれている以上，これが合憲であるというために
は，再犯予測の精度が信頼に足るものでなければならない。もちろん，再犯予
測に100％の正確性を要求することはできない。どの程度であれば許容される
かは，結局，身体の自由の侵害の程度，治療提供による利益，強制入院によっ
てもたらされる公共の利益を衡量して決するほかないであろう。

　次に医療観察法の手続の合憲性に目を向けたい。アメリカにおいては，通常
の司法・行政手続としての強制入院に関して相当周到な手続保障がなされてい
るから，責任無能力無罪者の収容の際の手続問題は，強制入院制度との対比で
検討される。これに対して日本では，強制入院制度について手続保障が十分で
ないために，無罪者収容の手続がどの程度刑事手続に準じていなければならな
いか，という観点で語られることになりがちである。

　この法律の手続は，刑事手続に準ずる司法手続ではあるが刑事手続ではな
い。したがって，憲法33条〜40条の規定がそのまま適用されるわけではない
が，前述のように（第3章1），例外的に趣旨が妥当する場合がある。また，上
記規定に該当しない場合でも，31条（または13条）の適正手続保障が一定の手
続的保護を要求している。

　(ⅰ)　審判の非公開と「公開裁判」　憲法は，裁判の対審と判決について公
開を要求している（37条・82条）。ところが，医療観察法は審判を非公開として
いる（法31条3項）。最高裁は「裁判」について，「裁判所が裁判の形式をもっ
てするすべての判断作用ないし法律行為を意味するものではなく，そのうち固
有の司法権の作用に属するもの，すなわち，裁判所が当事者の意思いかんにか
かわらず終局的に事実を確定し，当事者の主張する権利義務の存否を確定する
ことを目的とする純然たる訴訟事件についての裁判のみをさす」と解してい
る。本法の審判はこれに該当しないとして非公開とされているが，該当すると
いう判断も不可能ではない。

　学説では，「純然たる訴訟事件」か否かの境界が不明確であることを指摘
し，公開を原則としながらも，事件の類型や性質・内容に適合した審理方式も
場合によっては可能であるとする見解がある。対象者のプライバシー保護の必
要性を考えると，被害者等の傍聴を認めた（47条）うえで医療観察法の審判を

非公開とすることは，憲法上許容されると考える。

　(ⅱ)　審判における職権主義的構造　　医療観察法は，検察官の申立てによって開始される審判において，付添人の選任を必要的としている（35条）。付添人には，審判における意見陳述権・資料提出権（25条2項），審判期日への出席権（31条6項），記録・証拠物の閲覧権（32条2項），地裁の決定に対する抗告権（64条2項）等が認められている。しかし，審理はあくまで職権主義的構造で行われ，「必要がある」と裁判所が認めた場合に事実の取調べが行われるに過ぎない（24条1項）。そこでは刑事訴訟法の規定がある程度準用されるが（24条4項），反対尋問の権利や証人申請の権利はない。

　刑事手続において事前の告知，弁解，防御の機会を与えることは，適正手続保障の不可欠な要素であることに異論はない。医療観察法の手続において上記のように防御権が制限されていることは，憲法上許容されるだろうか。

　この点について，アメリカの連邦最高裁判所はアディントン判決（1979年）において，4つの理由を挙げて，（通常の）強制入院手続と刑事手続は異なるとした[99]（第3章2（2）〔b〕参照）。

　①強制入院に関わる州の権能は懲罰の意味をもたない。

　②誤った有罪判決とは異なり，専門家の審査・観察や家族・友人の関心が緩衝装置となって，誤って収容された場合でも救われうる。

　③重篤な精神疾患に罹患し治療を必要としている者は完全には自由でないし，スティグマから免れてもいない。したがって，精神障害者を入院させ損なうことが，精神的に正常なものが収容されるよりもはるかによいとはいえない。

　④入院手続は犯罪を行ったか否かという単純な事実問題ではなく，確実性が足らず，誤りを避け難い精神医学的判断に関わるものであり，精神科医が特定の患者について明確な結論を出すことは極めて困難である。

　このうち，②専門家の審査，家族・友人の関心が誤りを修正するという点は，現実からみて過大に信頼すべきではない。また，④両手続の事実認定が質的に異なるという点は，それを否定はできないとしても，「同様な行為を行う」予測の認定が含まれるから完全に異質であるというわけではない。しか

し，①懲罰ではない，③重篤な精神疾患で治療を必要としている者は完全に自由ではないという点をも含め，この制度の本質をどうみるか，自由と治療のいずれを重視するかによっては，刑事手続との相違を基礎づける論拠となりうる。

しかし，重視すべきは，刑事・非刑事の色分けよりも，各手続がもたらす個人利益への影響，公共の利益の重要度，決定の誤りのリスクといった諸点を実質的に議論することであろう[100]。その意味で，医療観察法がもたらす利益侵害の程度をどのように評価するかが決定的に重要性をもつ。しかし，刑事手続ではないから防御権の制約は当然という態度をとることは許されない。

(ⅲ)　不起訴者の他害行為認定と適正手続保障　　前述のように，不起訴者の対象行為の存否について事実調べを行うか否かは，裁判官がその必要を認めたときのみであり，事実の取調べを行う場合も，その認定は裁判官1人が職権主義的構造で行う（40条1項・11条2項）。裁判所が「必要があると認めるときは」，裁判官3人の合議体で行うことになる（41条1項）が，そこでも職権主義であることに変わりない（24条4項）。そこでの付添人の弁護活動も制限されている。

審判全般における職権主義的構造についても問題にする余地があることは前述の通りであるが，不起訴者の対象行為の存否についての事実調べは，不起訴者を無罪者と同様に処遇する根拠としての重要な手続であるから，特に刑事手続に準ずる手続保障が要求されると考えるべきである。したがって，本法による防御権の制限には大いに疑問がある。

最後に，平等原則との関連性を問う。重大な他害行為を行った心神喪失者等をその他の精神障害者と区別してより自由を制約しうる特別の制度を創設することは，法の下の平等に違反しないだろうか。平等原則に関する判例の理論に基づけば，区別が「事柄の性質に即応した合理的な根拠に基づくもの」であるか否か，が問われる。この論点については，「心神喪失による無罪」という事態の法的意味をどうみるかによって，結論が影響されうる。アメリカにおいて，次のような争いがある。

第1の立場は，無罪者の犯罪遂行につき証明がなされていることに着目し，

無罪者をその他の被収容者と別異に取り扱うことを躊躇しない。前述のジョーンズ判決の法廷意見はこの考えに立って，異なる者に異なる処遇をすることに何の問題もないとした。[101]

これに対して，「無罪」とされた以上，法的に特別の処遇を受ける謂れはない，という立場がある。ジョーンズ判決に付されたブレナン裁判官の反対意見によれば，単に過去の犯罪行動や精神障害の事実があるだけで，無期限の収容は正当化されない，という。責任無能力の認定が過去の一時点のみに焦点を合わせるのに対し，通常の強制入院の決定は精神障害や危険性についての現在および将来に関する判断を必要とするから，両者の認定は同一ではあり得ない。したがって，通常の強制入院と同様に考えるべきということになる。

第2の立場に立ったとしても，医療観察法の制度が直ちに違憲とされるわけではない。同法は，無罪者の中で入院要件に該当する者のみを一定の手続にしたがって入院させるもの（前述の類型C）であって，無罪者すべてを自動的に収容するもの（前述の類型A・B）ではない。また，措置入院よりも厳格な手続によって入院させた者により手厚い治療を提供すると謳っている。入院後の治療提供や行動制限のあり方に対する実証的な評価を踏まえて判断する必要がある。第1・第2いずれの立場をとっても，現在の平等法理のもとで直ちに違憲と評価することはできない。

ただ，医療観察法の場合，「無罪者」と「不起訴者」を同一に扱っている点が問題である。上記の第1の立場が成立するためには，不起訴者の他害行為の認定が証拠法則に従って行われていなければならない。しかし，前述のように，その認定は，裁判所が必要があると認めたときに職権主義的構造で行われるに過ぎない。このような手続による決定をもって，犯罪遂行の証明がなされているからその他の精神障害者と別異に扱うことが正当であるといえるか，極めて疑問である。

以上のように様々な問題点を抱える医療観察法の合憲性について，最高裁判所が2017年，初めて判断を下した。[102]判決は，同法の目的（1条1項）は正当であり，この法律による処遇はこの目的を達成するため必要かつ合理的なものであり，処遇要件（42条1項1号・2号）も上記目的に即した合理的で相当なもの

と認めた。また，同法の審判手続も，対象者に必要な医療を迅速に実施するとともに，対象者のプライバシーを確保し，円滑な社会復帰を図るため，適正かつ合理的な手続が設けられている，と認める。したがって，医療観察法による処遇制度は，憲法14条（法の下の平等），22条１項（居住・移転の自由）に違反するものではなく，憲法31条の法意に反するものでもない，と判示した。身体の自由や平等原則といった重大な人権の制約を招く制度について，実質的な審査を行うことなく合憲と判断したことには疑問が残る。

　いずれにしても，憲法適合性の評価のみでこの法律の是非を論ずることはできない。この制度によって，そうでなくても偏見に満ちた精神障害者に対する視線がますます険しいものにならないか，という懸念には根拠がある。法律の実施が人権にしっかり配慮した形で行われること，また，政府が再三強調した一般精神医療の充実が予算的裏づけをもって実現することを切に願う。

5　犯罪を行った精神障害者に対する司法福祉[103]

　犯罪を行った精神障害者への対応として，近年注目を集めているのが司法福祉（forensic social work）である。法の領域におけるソーシャルワーカーの関与はソーシャルワーク自体の歴史と共に古くからあった[104]。ソーシャルワーカーは，法律によって不利益を受ける人々の問題に対応してきたし，そのような法の改正に尽力することもあった。そのなかに，犯罪を行った（あるいはそう疑われている）人々のための権利擁護活動も含まれていたのである。現在，司法福祉活動は急速にその対象分野を拡大している。National Organization of Forensic Social Work の設立（1997年）やその機関誌である Journal of Forensic Social Work の発行（2011年創刊）はその表れである。全米を通じて近年のこの領域の変化・展開は著しく，心神喪失者等医療観察法によって司法福祉が新たな段階に入ったばかりの日本にとって，これを受け入れるにせよ拒絶するにせよ参照するに値する経験であるように思われる。以下に述べるアメリカの実情は日本とはまったく異なる様相であるけれども，精神障害者が直面する苦難のひとつの例として紹介する。

（1）アメリカの矯正施設における精神障害者

　アメリカの州・連邦刑務所の被収容者数は増加し続けている。1925年に20万人以下だったその数が，2014年には150万人以上となっている[105]。1980年代に始まった増加傾向は数十年続き，その数字が減少し始めたのはようやく数年前のことである。2014年末の時点で，全米の連邦・州の刑務所（prison）および郡・市の拘置所（jail）の被収容者数は224万人強であり，そのうち重篤な精神疾患をもつ者が10〜25％と見積もられているので，重度精神障害者が矯正施設に22〜55万人も収容されていることになる[106]。

　思い起こせば，1950年代半ば，約56万人が州立精神科病院に収容されていた[107]。当時，この状況に疑いの目を向ける者はほとんどいなかった。1950年代後半以降，入院者数の減少が始まり，1990年には約9万9,000人になっている。薬物療法の導入，地域医療体制の展開，精神障害者の治療・住居への連邦の補助金，強制入院制度に疑問を提示する公民権運動の影響，強制入院要件の厳格化（「自他への危険」に絞る），入院医療の高コスト化，強制治療システムに対する医療者の自己批判といったことから，精神科病院の病床数が急激に減少したということができる[108]。こうして，巨大な病院から地域へと精神障害者が大量に移動する「脱施設化政策」（deinstitutionalization）が展開された結果，2016年時点で，州立精神科病院の入院者数は3万7,679人にまで減少している[109]。この政策が，入院治療の代替策としての地域精神科医療の有効性に期待したものであるのはいうまでもないが，残念ながらこの希望は満たされていない。財政支出の限界[110]により，有効な地域ケアシステム（住居，医療提供，社会福祉，社会的・職業的リハビリテーション）の提供が実現されていないことに加えて，精神障害者の地域医療に対する抵抗感が人々に強かったこともあるだろう[111]。

　その結果，退院したものの適切な地域医療を受けることができない精神障害者のなかには，逮捕されて拘置所や刑務所に収容される者が現れる。脱施設化政策が拘置所・刑務所における精神障害者の急増の唯一の原因であると断定することはできないけれども[112]，精神障害者の社会的コントロールを行う主要な施設が州立病院から拘置所・刑務所に代わったことは否定できない。ある研究によれば，刑務所・拘置所の被収容者の16％以上に精神疾患があり，その多くが

重大な犯罪を行ったとされる。その数は30万人を超え，比率は一般人口の約4倍にのぼる。[113]結果として，これらの者が必要とする高度に構造化されたケアを提供しなければならない場所が，刑務所や拘置所だということになる。しかし現実には，訓練スタッフの不足などの要因により，被収容者の多くは適切な治療を受けていない。

　このような状況の違法性を問う裁判が起こされたが，連邦最高裁は1976年，受刑者は刑務所が提供する治療しか受けていないけれども，刑務所が入所者の医療ニーズに対して「重大な無関心」を示した証拠がないとして，「残酷かつ異常な刑罰」を禁ずる連邦憲法修正8条に違反しないとした（Estelle v. Gamble, 429 U.S. 97〔1976〕）。しかし，2011年，連邦最高裁判所は，刑務所の過剰収容の故に，カリフォルニア州の刑務所で利用可能な医療および精神科医療が憲法修正8条に違反すると判示している（Brown v. Plata, 563 U.S. 493〔2011〕）。

　矯正施設への収容以外に，退院した精神障害者の居場所として，ホームレスとなる者がいる。[114]ホームレス者のほぼ3分の1が重篤な精神疾患を有しており，薬物依存症を加えるとその数字は75％になるといわれている。その結果，警察官と出会うことも多く，浮浪，酩酊といった軽犯罪で逮捕されることが多い。このような公序良俗違反に敏感な地域社会の対応によって拘置所への過剰収容に至ることもある。他方で，ホームレス者は犯罪の被害を受け易い。

　矯正施設に精神障害者が過剰に収容されているということと関連するもうひとつの問題が，再犯率の高さである。2005年に30州で出所した者のうち3分の2が3年以内に逮捕され，4分の3が5年以内に再び逮捕されている。[115]この現実から，ある種の犯罪者に対して用意される非刑罰的な制裁・処遇（diversion program），受刑者やその家族，犯罪被害者向けの措置，そして釈放の前後のプログラムなどの必要性が浮かび上がる。

（2）犯罪を行った精神障害者に対する司法福祉の拡大

〔a〕保護観察への関与

　もともと司法福祉の役割として保護観察や執行猶予への関与は存在していたが，1960年代，この分野に対するソーシャルワーカーの関与が強まり，保護観

察所の職員となる者も増えた。[116]しかし，80年代になると逆風が起こる。社会から厳罰化を要求する声が高まり，矯正の目的としての社会復帰を重視する考えは弱まっていった。その結果，矯正機関で働くソーシャルワーカーの数は減少し，多くが犯罪被害者支援に向かった。[117]

　しかし，その後「刑務所から地域へ」という流れが再び強まるとともに，この分野におけるソーシャルワーカーの専門性に期待する声が高まっている。

〔b〕矯正段階での治療の提供

　拘置所・刑務所の過剰収容や精神障害者の再犯率の高さを目の当たりにし，その要因が精神医療システム（入院処遇，地域医療体制）の不全にあるとなると，その解決策としてまず浮かぶのが，充実した精神科医療の提供である。その名も，「精神障害犯罪者の治療および犯罪減少のための法律（Mentally Ill Offender Treatment and Crime Reduction Act)」（2004年）という連邦法は，このような人々を対象とするプログラムに補助金を出すものだった。現在，集中型ケース・マネジメント，拘置所・刑務所からの移行プログラム（後出の mental health court など），法的に強制される外来治療など，様々な試みがなされている。[118]

〔c〕精神保健裁判所

　現在，多くの州で，複雑な問題を提起する精神障害者を通常の刑事司法システムから移行させて，治療と支援を十分に提供しようとする試み（diversion programs）がなされている。その中心が精神保健裁判所（mental health court〔MHC〕）である。[119]MHC は「問題解決型裁判所」（problem-solving court）のひとつで，この種の試みは，薬物濫用への対処から始まった。薬物犯を通常の刑事司法の枠組みで処罰しても，薬物依存の問題が解決しなければ再犯を繰り返すのみで刑務所が満杯になるだけだった。このような問題意識から，1989年，フロリダ州に司法による監督下での処遇プログラムを提供する薬物処遇裁判所（drug treatment court）が登場した。[120]これをモデルとした裁判所が次々に誕生しており，MHC はその代表格といえる。

　MHC は1997年にフロリダ州で初めて設立され，その後急増し，現在，成人用・未成年者用合わせて約400を数える。ここでは，2002年にニューヨーク州

で初めて設立されたブルックリン精神保健裁判所の例を詳しくみてみよう[121]。裁判官・被告側弁護人・地方検事補のいずれかによって，被告人の MHC への参加が提案される。両当事者が合意すれば，被告人の評価を裁判所が雇うソーシャルワーカーと精神科医が行う。この精神医学的・心理社会的レポートが裁判所・被告側弁護人・検察官に提供される。被告人が重篤かつ継続的な精神疾患に罹患しており，それと犯罪行為との間に何らかの関連性があれば，MHC の参加者としての資格をもつ。評価がなされた後，弁護人と検察官が司法取引の交渉を行い，社会福祉士（licensed certified social worker）の務める臨床責任者（clinical director）が治療プランをまとめる。治療案と司法取引が弁護側に受け入れられれば，取引が成立し，被告人は釈放され治療に入る。

　重罪の初犯である被告人の場合，裁判所命令は12〜18か月で，量刑手続は期間満了まで延期される。好成績の参加者は公訴棄却とされる。2度目の重罪の場合，公訴棄却または軽罪判決となる。場合によっては，地方検事がより長期の裁判所命令を申し立てることがある。ある誘拐未遂犯は5年間の治療命令を要求された。

　取引が成立すれば，被告人の治療が始まり，毎週裁判所で状況を確認される。参加者が改善するにつれて，裁判所に赴く回数は減り，期間満了で公訴棄却あるいは取引で合意された量刑となる。

　実例をひとつ示そう[122]。64歳の女性が認知症を患う高齢の母親に対する暴行の容疑で起訴された。裁判所は，被告人が34年間勤めた仕事から最近引退したこと，今や彼女が母親と障害のある兄弟を介護する唯一の存在であることを認めた。単一エピソードのうつ病と診断されて MHC に参加することとなった。臨床責任者であるソーシャルワーカーが，その診断に対応する治療プランをまとめた。これを受けて，被告側が有罪答弁を行って治療が始まった。しかし，手続が進むにつれて被告人のうつ症状が悪化したため，裁判所が入院を求めるほどとなった。治療プランは修正され，精神科医の薬物療法も変化を余儀なくされた。数か月の闘病後に彼女は回復し，MHC を無事卒業し，公訴棄却となった。

　MHC の登場前は，被告人には司法取引か公判かという2つの選択肢しかな

かった。今や，3つ目の選択肢，拘禁の代わりの治療によって公訴棄却となる可能性が開かれたのである。

MHC は州によって異なるが，必須の構成要素がある。[123]

①問題解決型アプローチを用いる特別の裁判手続

②参加者ごとに精神保健専門家が地域医療計画を立案し裁判官が監督するシステム

③参加者の改善状況に基づき褒賞・制裁を課す審問を裁判官が主宰

MHC は，希望する精神障害者を，刑罰としての拘禁ではなく，裁判所が監督する治療と支援に移行することによって，刑務所の過剰収容と再犯数を減少させ，患者の生活の質を改善しようとするものである。MHC の基礎にある考え方は，治療の担い手（therapeutic agent）としての法が役割を果たしているかを問う「治療法学」（therapeutic jurisprudence）である。

多くの研究で，MHC は再犯防止に効果があることが明らかになっている。[124] しかし，手放しでこれを称賛することはできない。[125] まず，人権上の問題が懸念される。また，有効性の評価がそれほど厳密に行われているわけではない。最後に，MHC は暴力犯罪の事例では用いられていないが，逮捕事例はほとんど暴力犯罪に関わるものである。

通常の精神科医療が精神症状を抑え，精神的苦痛を軽減することに焦点を置くのに対し，MHC は，精神科的問題の解決のみならず，犯罪を引き起こしうる傾向に対処し，幅広い心理社会的サポートを提供する多領域にわたるプログラムである。通常の医療によって再犯率が減少することもあるだろうが，MHC のような多領域にわたるプログラムの方が効果的であろう。住居サポート，就労支援，各種の社会サポートの活用など，福祉が役割を発揮する面が大きいといえる。

1)　本章に関連する私の論稿として，以下のものがある。『法廷のなかの精神疾患——アメリカにおける経験』（日本評論社，2002年）第5章；「憲法から見た心神喪失者等医療観察法」法と精神医療19号（2005年）；「アメリカにおける Insanity Defense——合憲性の問題を中心に」中谷陽二編『責任能力の現在——法と精神医学の交錯』（金剛出版，2009年）；「ヒンクリー事件」加藤敏ほか編『現代精神医学事典』（弘文堂，2011年）；「アメリカ合衆

国——犯罪行為を行った精神障害者に対する司法福祉」『世界の社会福祉年鑑』2017年版（旬報社）。

2)　Fred E. Markowitz, *Mental Illness, Crime, and Violence: Risk, Context, and Social Control*, 16 AGGRESSION AND VIOLENT BEHAVIOR 36, 39 (2011).

3)　*Id.*

4)　*Id.* at 40. 以下に言及する研究はこの文献による。

5)　J. W. Swanson, et al., *National Study of Violent Behavior in Persons with Schizophrenia*, 63 ARCHIVES OF GENERAL PSYCHIATRY 490 (2006).

6)　Markowitz, *supra* note 2, at 40.

7)　STEPHEN J. MORSE, MENTAL DISORDER AND CRIMINAL JUSTICE, FACULTY SCHOLARSHIP. 1751 (2017). 〈http://scholarship.law.upenn.edu/faculty_scholarship/1751〉また，岩井宜子『精神障害者福祉と司法〔増補改訂版〕』第二部（尚学社，2004年）；横藤田・前掲書（注1）第5章等参照。

8)　訴訟能力をめぐる問題について，詳しくは以下の文献を参照されたい。岩井・前掲書（注7）111-138頁；横藤田・前掲書（注1）170-184頁；暮井真絵子「治療法学に基づく訴訟能力論の再検討」法と精神医療31号（2016年）所収。

9)　1979年のある調査によれば，約200万件の刑事事件のうち，責任無能力を理由に無罪とされて収容された者1,625人に対して，訴訟無能力によって収容されたのは6,420人にのぼっている。Henry J. Steadman, John Monahan, Eliot Hartstone, Sharon K. Davis & Pamela C. Robbins, *Mentally Disordered Offenders: A National Survey of Patients and Facilities*, 6 LAW AND HUMAN BEHAVIOR 31, 33 (1982).

10)　岩井・前掲書（注7）123-124頁。

11)　Cooper v. Oklahoma, 517 U.S. 348 (1996).

12)　責任無能力をめぐる文献は多数にわたるが，さしあたり以下の文献を参照されたい。中谷陽二『刑事司法と精神医学——マクノートンから医療観察法へ』（弘文堂，2013年）；中谷陽二編『責任能力の現在』（金剛出版，2009年）；墨谷葵『責任能力基準の研究——英米刑法を中心として』（慶応通信，1980年）；岩井・前掲書（注7）139-233頁；横藤田・前掲書（注1）184-205頁。

13)　前田雅英『刑法総論講義〔第7版〕』（東京大学出版会，2019年）302頁。

14)　横藤田・前掲書（注1）184-188頁。

15)　本節は，横藤田・前掲論文（注1）「アメリカにおける Insanity Defense——合憲性の問題を中心に」231-252頁を基にしている。

16)　佐藤直樹「三九条はきれいさっぱり削除されるべきだ」呉智英・佐藤幹夫編『刑法三九条は削除せよ！——是か非か』（洋泉社新書，2004年）32頁。

17)　中谷陽二「責任能力制度の将来」中谷陽二編『責任能力の現在』（金剛出版，2009年）10頁。

18)　佐藤・前掲論文（注16）30-31頁。

19)　前田・前掲書（注13）23-24，154-159頁。

20)　佐藤・前掲論文（注16）45頁。また，河本純子「責任能力制度廃止の根拠」岡山大学大学院文化科学研究科紀要19号（2005年）も参照。

21)　副島洋明「求められているのはむしろ新しい『責任能力論』である」呉智英・佐藤幹夫編『刑法三九条は削除せよ！――是か非か』（洋泉社新書，2004年）145-147頁。

22)　Thinking About the Insanity Defense 5 (Ellsworth Lapham Fersch ed., 2005).

23)　Joseph Goldstein & Jay Katz, *Abolish the "Insanity Defense"—Why Not?*, 72 Yale. L. J. 853 (1963).

24)　この基準については，岩井・前掲書（注7）141-144頁；野阪滋男「英米法における刑事責任能力規準（1）」茨城大学人文学部紀要　社会科学論集32号（1999年）147-166頁；墨谷・前掲書（注12）32-81頁参照。

25)　Durham v. United States, 214 F. 2d 862 (D. C. Cir. 1954).

26)　この基準については，田中圭二「精神障害と刑事責任能力の規準（テスト）――アメリカ法におけるいわゆる「抵抗不能の衝動（irresistible impulse）」テストについて」鹿児島大学法学論集10巻1号（1974年）79-113頁；墨谷・前掲書（注12）82-99頁。

27)　Durham v. United States, 214 F. 2d 862 (D. C. Cir. 1954). この基準については，岩井・前掲書（注7）146-152頁；墨谷・前掲書（注12）100-156頁参照。

28)　United States v. Brawner, 471 F. 2d 969 (D. C. Cir. 1972).

29)　週末の間に鑑定証言が180度変わったという例もあった（「週末のどんでん返し事件（weekend flip flop case）」）。「社会病質（sociopath）」と診断された被告人に関する公判で，金曜日の午後にある精神科医が，社会病質は精神の疾患ではないと証言したにもかかわらず，所属の聖エリザベス病院の見解が変更されたために，月曜日の朝には，社会病質は精神疾患であるとされたのである。この見解変更の結果，責任無能力を理由とする無罪が著しく増加したという。墨谷・前掲書（注12）113，124頁参照。

30)　この基準については，岩井・前掲書（注7）153-155頁；墨谷・前掲書（注12）157-183頁参照。

31)　この法律については，林美月子『情動行為と責任能力』（弘文堂，1991年）335-339頁；佐藤興治郎「アメリカ連邦刑事法改正と責任能力・保安処分」判例タイムズ550号（1985年）116-126頁；墨谷葵「アメリカにおける責任能力論の動向」中谷陽二編『精神障害者の責任能力――法と精神医学の対話』（金剛出版，1993年）244-246頁参照。

32)　Paul S. Appelbaum, Almost A Revolution: Mental Health Law and Limit of Change 173-180 (Oxford University Press, 1994).

33)　Joshua Dressler, Understanding Criminal Law 349-350 (8th ed. 2018).

34)　Appelbaum, *supra* note 32, at 181-182.

35)　福島章「刑事責任能力と精神鑑定――法曹と精神医学の協働と統合をめざして」現代刑事法36号（2002年）62頁。

36)　岡田幸之他「米国の刑事責任鑑定――『米国精神医学と法学会　心神喪失抗弁を申し立てた被告人の精神鑑定実務ガイドライン』の紹介（その1）」犯罪学雑誌72巻6号（2006年）185頁。

37) 2006年時点で11州が採用している。横藤田・前掲論文（注1）「アメリカにおける Insanity Defense——合憲性の問題を中心に」238-239頁「表　アメリカ各州の責任無能力制度（2006年）」参照。

38) 墨谷・前掲論文（注31）255-256頁。

39) State v. Strasburg, 110 P. 1020 (Wash. 1910).

40) State v. Lange, 123 So. 639 (La. 1929).

41) Sinclair v. State, 132 So. 581 (Miss. 1931).

42) State v. Korell, 690 P. 2d 992 (Mont. 1984).

43) Powell v. Texas, 392 U.S. 514 (1968).

44) State v. Searcy, 798 P. 2d 914 (Idaho 1990).

45) *In re* Winship, 397 U.S. 358, 364 (1970).

46) Leland v. Oregon, 343 U.S. 790 (1952).

47) Powell v. Texas, 392 U.S. 514 (1968).

48) Ake v. Oklahoma, 470 U.S. 68 (1985).

49) State v. Herrera, 895 P. 2d 359 (Utah 1995).

50) State v. Bethel, 66 P. 3d 840, 844 (Kan. 2003).

51) Patterson v. New York, 432 U.S. 197 (1977).

52) Finger v. State, 27 P. 3d 66, 75 (Nev. 2001).

53) Ake v. Oklahoma, 470 U.S. 68 (1985), Leland v. Oregon, 343 U.S. 790 (1952), Powell v. Texas, 392 U.S. 514 (1968).

54) Pate v. Robinson, 383 U.S. 375 (1966).

55) Medina v. California, 505 U.S. 437 (1992).

56) Patterson v. New York, 432 U.S. 197 (1977).

57) Cooper v. Oklahoma, 517 U.S. 348 (1996).

58) Clark v. Arizona, 548 U.S. 735 (2006).

59) Jean K. G. Phillips & Rebecca E. Woodman, *The Insanity of the Mens Rea Model: Due Process and the Abolition of the Insanity Defense*, 28 Pace L. Rev. 455, 478 (2008).

60) Finger v. State, 27 P. 3d 66, 75 (Nev. 2001).

61) Samuel J. Brakel, John Parry & Barbara A. Weiner, The Mentally Disabled and the Law 694 (3d ed. 1985); Michael L. Perlin & Heather Ellis Cucolo, Mental Disability Law: Civil and Criminal Vol. 3, ch. 14, at 188 (3d ed. 2016); 北村總子「触法精神科患者の司法的処遇——アメリカ合衆国」法と精神医療12号（1998年）77頁以下。

62) Brakel, et al., *supra* note 61, at 786-795.

63) *Id.* at 729-731.

64) Appelbaum, *supra* note 32, at 178.

65) Jones v. United States, 463 U.S. 354 (1983).

66) Foucha v. Louisiana, 504 U.S. 71 (1992).

67) この法律に関する文献として，町野朔編『ジュリスト増刊　精神医療と心神喪失者等

医療観察法』(有斐閣, 2004年); 中山研一『心神喪失者等医療観察法の性格』(成文堂, 2005年); 中山研一『心神喪失者等医療観察法案の国会審議』(成文堂, 2005年); 岡崎伸郎・高木俊介編『動き出した「医療観察法」を検証する』(批評社, 2006年); 日本弁護士連合会刑事法制委員会編『Q＆A　心神喪失者等医療観察法解説〔第 2 版〕』(三省堂, 2014年); 浅野詠子『刑期なき収容——医療観察法という社会防衛体制』(現代書館, 2014年) 等参照。

68)　法律家が本格的に精神衛生法の問題点を検討したのは, 1974年日本精神神経学会のシンポジウムに参加した刑法学者による, 佐伯千仭「法律家から見た精神衛生法の問題点」精神神経学雑誌76巻12号 (1974) 850頁以下が最初であるという。藤岡一郎「精神衛生法制をめぐる歴史的展開——その戦後における展開」大谷実・中山宏太郎編『精神医療と法』(弘文堂, 1980年) 205頁。

69)　岡田靖雄「精神衛生法改正の問題点」精神医療史研究会編『精神衛生法をめぐる諸問題』(病院問題研究会, 1964年) 73頁。

70)　加藤久雄「精神障害犯罪者の人権保護——リーガル・モデルかメディカル・モデルか」西山詮編『精神障害者の強制治療　法と精神医学の対話 2』(金剛出版, 1994年) 101頁。

71)　勢藤修三「保安処分に関する新聞論調の今昔 (上)」法律のひろば34巻10号 (1981年) 40-42頁。例えば, 朝日新聞の社説 (1960年 5 月 4 日) は,「(保安処分などは) 刑事政策の大きな前進と称してよい。……犯罪予防の上で刑罰から治療へ, 刑罰から保護へと移るその変化は, 思想変遷の本流である。……これ以外に刑事政策の方向があろうとは思われない」と述べている。

72)　その機縁となったのは, 1969年の日本精神神経学会総会 (金沢学会) を契機に, 精神医学界に反対論が強まったことであり, それを受けて法学界, 新聞に波及したという。勢藤修三「保安処分に関する新聞論調の今昔 (下)」法律のひろば34巻11号 (1981年) 56頁以下。

73)　法制審議会刑事法特別部会 (法務省刑事局編)『改正刑法草案の解説』(大蔵省印刷局, 1975年) 145-146頁。

74)　以下の記述は新聞報道による。

75)　日本弁護士連合会刑事法制委員会・前掲書 (注67) 5 頁。

76)　同上書9-14頁; 厚生労働省 HP「医療観察法制度の概要について」〈https://www.mhlw. go.jp/stf/seisakunitsuite/bunya/hukushi_kaigo/shougaishahukushi/sinsin/gaiyo. html〉

77)　町野朔「精神保健福祉法と心神喪失者等医療観察法」町野朔編『ジュリスト増刊　精神医療と心神喪失者等医療観察法』(有斐閣, 2004年) 73頁; 山本輝之「心神喪失者等医療観察法における強制処遇の正当化根拠と『医療の必要性』について」中谷陽二編『精神科医療と法』(弘文堂, 2008年) 131, 134-136頁; 日本弁護士連合会刑事法制委員会・前掲書 (注67) 15-17頁。

78)　安田拓人「心神喪失者等医療観察法における医療の必要性と再犯の可能性」三井誠ほか『鈴木茂嗣先生古稀祝賀論文集〔上巻〕』(成文堂, 2004年) 632頁; 前田雅英「司法的判断と医療的判断」町野朔編『ジュリスト増刊　精神医療と心神喪失者等医療観察法』(有斐

閣，2004年）93頁；大谷實『新版精神保健福祉法講義〔第3版〕』（成文堂，2017年）175頁。

79)　山本・前掲論文（注77）134頁。

80)　田口寿子「心神喪失者等医療観察法をめぐる私論」中谷陽二編『精神科医療と法』（弘文堂，2008年）163頁。

81)　安田・前掲論文（注78）639頁。

82)　町野・前掲論文（注77）73頁。

83)　日本弁護士連合会刑事法制委員会・前掲書（注67）15，23頁。

84)　中島直「医療観察法の問題点」中谷陽二編『精神科医療と法』（弘文堂，2008年）178頁。施行後，様々な問題点が現出しているのは，「法の目的が不明確であるという本質的な問題に由来しているもの」であり，法を存続させる最低限の根拠すら失われているという（193-194頁）。

85)　田口・前掲論文（注80）167-169頁。

86)　中山研一「『医療観察法』に対する法関係者の対応　法施行後の問題点」岡崎伸郎・高木俊介編『動き出した「医療観察法」を検証する』（批評社，2006年）129頁。

87)　中島・前掲論文（注84）182-190頁。

88)　朝日新聞2002年3月16日付など。

89)　「法の鑑定入院や指定入院医療機関の設置・運営等に巨額の費用が費やされているにもかかわらず，精神保健福祉に費やされるそれは貧困なまま」とされている。中島・前掲論文（注84）192頁。

90)　2002年12月3日，提案者・塩崎恭久衆議院議員答弁（第155国会衆議院法務委員会会議事録14号4頁）。

91)　2002年12月6日，塩崎議員答弁（第155国会衆議院法務委員会会議事録15号3頁）。

92)　2002年12月4日，塩崎議員答弁（第155国会衆議院法務委員会厚生労働委員会連合審査会議事録3号15頁）。

93)　最大判昭和50年9月10日（刑集29巻8号489頁）。

94)　佐藤幸治『日本国憲法論』（成文堂，2011年）334頁。

95)　Foucha v. Louisiana, 504 U.S. 71 (1992).

96)　日本精神神経学会は，「精神医学の原則に照らせば病状の予測についての専門的な判断は可能であるが，高い蓋然性をもって再犯を予測することは不可能である」と繰り返し言明している。例えば，「『心神喪失等の状態で重大な他害行為を行った者の医療及び観察等に関する法律案』の国会審議に際しての抗議声明」（2002年5月11日）（同学会 HP）〈https://www.jspn.or.jp/modules/advocacy/index.php?content_id=19〉

97)　最大決昭和45年12月16日（民集24巻13号2099頁）。

98)　佐藤・前掲書（注94）607-608頁。

99)　Addington v. Texas, 441 U.S. 418, 428 (1979).

100)　参照，Mathews v. Eldridge, 424 U.S. 319 (1976).

101)　Jones v. United States, 463 U.S. 354 (1983).

102）　最判平成29年12月18日（刑集71巻10号570頁）。

103）　本節の記述は，横藤田・前掲論文（注1）「アメリカ合衆国——犯罪行為を行った精神障害者に対する司法福祉」を基にしている。

104）　Tina Maschi & Mary L. Killian, *The Evolution of Forensic Social Work in the United States: Implications for 21st Century Practice*, 1 JOURNAL OF FORENSIC SOCIAL WORK 8, 14 (2011)；Ronald Roesch, *Social Worker Assessments of Competency to Stand Trial*, 5 JOURNAL OF FORENSIC SOCIAL WORK 186 (2015).

105）　非営利の刑事司法関係団体 The Sentencing Project の報告によれば，1970年代まで約20万人だった刑務所の被収容者数は，1980年代以降急増し，現在では150万人以上となっている。国別でみると，アメリカが人口10万あたりの被収容者数は670人と，2位以下を大きく引き離している。〈http://sentencingproject.org/wp-content/uploads/2016/01/Trends-in-US-Corrections.pdf〉

106）　H. Richard Lamb & Linda E. Weinberger, *Understanding and Treating Offenders with Serious Mental Illness in Public Sector Mental Health*, 35 BEHAVIORAL SCIENCES AND THE LAW 303 (2017).

107）　Markowitz, *supra* note 2, at 37.

108）　*Id.*

109）　Lamb & Weinberger, *supra* note 106, at 304.

110）　Debra A. Pinals, *Forensic Services, Public Mental Health Policy, and Financing: Charting the Course Ahead*, 42 J. AM ACAD. PSYCHIATRY & L. 8-10 (2014).

111）　Lamb & Weinberger, *supra* note 106, at 305.

112）　Edward P. Mulvey & Carol A. Schuberta, *Mentally Ill Individuals in Jails and Prisons*, 46 CRIME AND JUSTICE 231, 235 (2017).

113）　Paula M. Ditton, *Mental Health and Treatment of Inmates and Probationers*, Bureau of Justice Statistics Special Report NCJ 174463, July (1999). 〈https://www.bjs.gov/content/pub/pdf/mhtip.pdf〉

114）　Markowitz, *supra* note 2, at 38.

115）　Boston University School of Social Work, The Role of Social Work in Criminal Justice. 〈http://onlinemsw.bu.edu/msw/resource/the-role-of-social-work-in-criminal-justice〉

116）　Maschi & Killian, *supra* note 104, at 11-12.

117）　Maschi & Killian, *supra* note 104, at 21-22.

118）　Markowitz, *supra* note 2, at 41.

119）　MHC については，以下の文献を参照。Kelly Frailing, *How Mental Health Courts Function: Outcomes and Observations*, 33 INT'L J. L. & PSYCHIATRY 207 (2010)；Michelle Edgely, *Why Do Mental Health Courts Work? A Confluence of Treatment, Support & Adroit Judicial Supervision*, 37 INT'L J. L. & PSYCHIATRY 572 (2014)；Joye C. Anestis & Joyce L. Carbonell, *Stopping the Revolving Door: Effectiveness of Mental Health Court in Reducing Recidivism by Mentally Ill Offenders*, 65 PSYCHIATRIC SERVICES 1105 (2014).

120)　渡辺千原「治療法学と問題解決型裁判所」アメリカ法［2004-1］77頁。

121)　Honorable Matthew J. D'Emic, *Mental Health Courts: Bridging Two Worlds*, 31 Touro L. Rev. 369 (2015).

122)　*Id.* at 373-374.

123)　Council of State Governments Justice Center, *Improving Responses to People with Mental Illness: The Essential Elements of a Mental Health Court* (2007). 〈https://csgjusticecenter.org/wp-content/uploads/2012/12/mhc-essential-elements.pdf〉

124)　Michelle Edgely, *Why Do Mental Health Courts Work? A Confluence of Treatment, Support & Adroit Judicial Supervision*, 37 Intl J. L. & Psychiatry 572-574 (2014).

125)　Morse, *supra* note 7.

コラム⑤　障害者差別に対して私たちにできること

　本書のもととなった授業では毎回コメントを書いてもらい，そのなかで他の受講生にも知ってほしい・考えてほしい内容を次回冒頭に紹介しています（以前は紙に書いてもらっていましたが，今は紙とウェブ両方使っています）。

　授業の感想コメントで印象的だったのが，「精神障害者が普通の人で驚いた」というものです。精神障害者の様々な実情を知ってもらおうと，この授業ではテレビのドキュメンタリーを編集した映像を受講者にみてもらいます。たまたま病気になったけど，夢を抱き，家族を愛し，小さな幸せを求めているだけなのに，当たり前の望みも聞いてもらえない隣人の物語をぜひ知って欲しかったのです。それをみた多くの人がこのような感想を漏らします。もちろん，疾患が大変な状態のときにはとても「普通」とはいえないこともあるでしょう。でも，それも含めて，苦悩を抱える人間の姿だと思います。私も，知人が精神疾患に罹って初めて，「精神障害者も普通の人だ」という実感を得ました。

　このことを知らない人があまりにも多いのが問題だと思います。「知る」ということは人々の見方や考え方を変えることができるし，逆に，「知らない」ということは偏見や差別を生み出す可能性があります。「無知・無関心の怖さ」。これこそがこの授業を貫いた隠れたテーマでした。人は他人の事には基本的に無関心です。友人・家族など大切な人であってもその人のもつ苦しみを全部背負うことはあまりにも重い負担です。他人の苦しみに鈍感なのは人間の生存本能かもしれません。

　この世から差別を完全になくすことはできないかもしれません。神奈川県相模原市の障害者施設殺傷事件（2016年7月）が衝撃的だったのは，重度障害者の生きる価値を否定する考えが声高に語られ，インターネット上などでその考えを支持するかのような声が少なくないことでした。

　私は，家族や友人，そして接する学生たちには，障害者の生きる価値をわかってほしいと思います。しかし，世の中のすべての人が優生思想的な価値観をもたないというのは無理だとも思っています。憎む人を愛せよとは言えません。しかし，アメリカの最高裁判所が，知的障害者施設に反対する近隣住民の意向に沿って市が差別的対応をしたことを違憲とした判決（クレバーン事件判決，1985年）で言うように，「私的な偏見は法の及ぶ範囲外だろうが，法は直接または間接に，それに効力を与えてはならない」。ここに，法と人権の役割があると思います。

　国際連合「国際障害者年行動計画」（1979年）は，「われわれの社会は，障害のない人，障害のある人をはじめとしてさまざまな特質をもった人々の集まりであり，そのさまざまな場においても障害のある人と障害のない人とがともに存在することがノーマルな状態である」，「構成員のいくらかの人々を締め出す場合，それは弱くてもろい社会である」と述べています。私たちにできることはまだまだあるはずです。

精神障害者と社会——「施設コンフリクト」をめぐって

　第6章は，障害者施設等の新設などにあたり，地域社会の強力な反対運動に
遭遇して頓挫したり，あるいはその存立の同意と引き換えに大きな譲歩を余儀
なくされたりする施設と地域との間での紛争事態（施設コンフリクト）を対象と
する。精神障害をめぐる法政策を扱う授業のテーマのなかで最も強く学生の関
心を引くこの問題は，民主主義，人権，地域共生社会など，現代において重要
視される価値が錯綜する究極の問題であるように思える。法的に解決し得ない
この問題を紐解くことによって，私たちの社会のレジリエンス（復元力）を強
化するために何が必要か，探りたい。

1　施設コンフリクト——現状と構造

　障害者が利用あるいは居住する施設の存在自体に反対する人はあまりいない
だろう。しかし，その施設があなたの自宅の近くにできるとしたらどうだろ
う。「ちょっとイヤだな」「必要な施設なんだろうけど，どうして私の町に作ら
ないといけないの」と思ったりしないだろうか。リーダーシップのある人が地
域にいれば反対運動が始まるかもしれない。これが「施設コンフリクト」だ。
「社会福祉施設の新設などにあたり，その存立が地域社会の強力な反対運動に
遭遇して頓挫したり，あるいはその存立の同意と引き換えに大きな譲歩を余儀
なくされたりする施設と地域との間での紛争事態」[1]と定義される。

（1）施設コンフリクトの発生状況
　障害者施設のなかでも，特に施設コンフリクトの発生確率が高いのが精神障

害者施設だといわれる。[2] 以下の３つの調査から，30年間における施設コンフリクトの発生状況と構造を探ってみよう。[3]

〔a〕1978～1987年調査（国立精神・神経センター精神保健研究所）[4]

204団体中62件（発生率30.3％）にコンフリクトがあった。精神障害者施設でコンフリクトが発生したのは32件だった。小規模作業所で比べてみると，知的障害者の施設ではほとんど問題事例が発生しておらず，精神障害者の施設に対して地域住民は，「精神障害者」という理由から反対運動を起こすということが明らかにされている。[5]

コンフリクト終結の形態

図6-1　コンフリクトの発生件数の比較

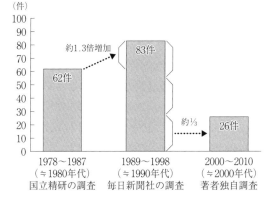

図6-2　コンフリクトの発生割合の比較

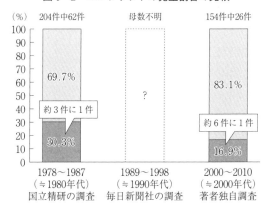

出典：図6-1，6-2とも野村恭代『施設コンフリクト』（幻冬舎，2018年）39頁

として，「計画通り設置」21.2％，「条件つきの設置」21.9％，「設置場所の変更」31.3％，「計画断念」18.8％，「協議継続中」6.3％となっている。

〔b〕1989～1998年調査（毎日新聞社）[6]

対象を精神障害者施設に限定して調査した。83件の問題事例があった（発生率不明）。コンフリクトの帰結は，「計画通り設置」19.3％，「条件つきの設置」10.8％，「設置場所の変更」36.1％，「計画断念」14.5％，「協議継続中」19.3％という結果だった。

〔ｃ〕2000～2010年調査（野村恭代氏が行った調査）[7]

　2000年以降に設立もしくは開設（法人化）された154施設・事業所のうち，コンフリクトの発生は26件（発生率16.9％）だった。コンフリクトの帰結は，「計画通り設置」30.8％，「条件つきの設置」34.6％，「設置場所の変更」23.1％，「計画断念」3.8％，「協議継続中」3.8％だった。

　精神障害者施設におけるコンフリクトの発生状況の推移（図6‐1，図6‐2）をみると，〔ａ〕（1978～1987年）は62件（精神障害者施設は32件），〔ｂ〕（1989～1998年）は83件，〔ｃ〕（2000～2010年）は26件となっている。〔ｂ〕のコンフリクト発生数は〔ａ〕の2倍以上の増加，〔ｃ〕では〔ｂ〕の約3分の1になっている。

　この発生件数の推移の背景に，精神保健福祉に関する法律の変遷とそれに伴う精神障害者施設の建設の状況があった。[8]精神衛生法の1987年改正（精神保健法）は，入院患者の人権を確保する規定とともに，精神障害者の社会復帰施設に関する規定を新設した。この動きはその後積極的に推進され，1990年代には精神障害者施設の建設がピークに達する。1993年改正では，社会復帰の促進を図るために施設が地域住民の理解と協力を得る努力義務の規定が設けられた。これにより，施設側は施設建設にあたり，近隣住民の同意を得るために説明会などを実施することが事実上求められることとなったのである。[9]施設建設数の増加と地域住民への説明会などによる同意の必須化により，1990年代の施設コンフリクト発生数は極めて高い値になっている。ただ，2000年に地域住民の同意書の添付は廃止となったが，施設建設総数と施設コンフリクト発生数との割合は，2000年代も6分の1の発生率を示しており，決して低い数字ではない（図6‐2）。[10]しかし，2000年代に発生数・発生率ともそれまでより下がったのは，対策の仕方がいくらか進んだからかもしれない。[11]

（2）施設コンフリクトの発生要因

　施設建設への反対理由に関しては，各年代に共通して「（精神障害者への）危険視，治安上の不安」が挙げられる。[12]また，精神障害者に対する危険視以外にも，「住環境の破壊，町のイメージダウン」，「地価が下がる」，「地元に利益が

ない」などの具体的な利害に関わることが反対の原因になることもある。[13]1970
年代から2000年代に至るまで，住民の「障害者」観には大きな変化がみられな
い[14]。

　施設コンフリクトに関するこれまでの研究でも，コンフリクトの発生要因と
して「障害者への差別，偏見」「スティグマ」を指摘するものが圧倒的だった
という[15]。この認識により，障害者施設でのコンフリクトを解消するためには障
害者や施設への理解を求めることが重要であるという「理解重視アプローチ」
を展開する根拠となっているといえる[16]。もっとも，コンフリクトの発生要因を
差別や偏見のみではなく，地域社会の特性や「地元に相談がなかった」といっ
た手続上の不備とみる研究もあり[17]，調査からもそれが裏づけられている[18]。

（3）施設コンフリクトの形態

　反対運動の主体としては，自治会ぐるみのこともあれば，一部住民による反
対運動のこともある。一部住民の場合，住民が反対同盟を結成することもあ
る[19]。反対運動の形態としては，反対の要求を施設に伝える程度のものから，看
板やパンフレットで広く反対の意思表示をするもの，行政・議会への反対要請
や陳情，議会での反対決議と進み，さらに住民投票を行うもの，反対署名集
め，訴訟を起こすものもある[20]。

　精神障害者施設以外の身体・知的障害者の施設コンフリクトでは，住民投票
や署名，訴訟など公的な手続によって自らの反対意思を表明する場合が多い
（しかしその住民側の意向は認められないことが多い）のに対して，精神障害者施設
では住民の意向に設置主体や行政が敏感に反応し速やかにその要請に沿う形で
（予定地変更などの）対応をするところが多いのが特徴である。これは（1）
〔a〕調査でも[21]（1）〔c〕調査でも[22]共通する。

（4）施設コンフリクトの終結の形態

　コンフリクト終結の形態には，「計画通り設置」，「条件つきの設置」，「設置
場所の変更」，「計画断念」といったものがみられるが，各年代で顕著な違いは
確認できなかった。ただ，（1）〔c〕調査（2000年代）では「計画通り設置」，

図6-3　年代による施設コンフリクト終結の形態

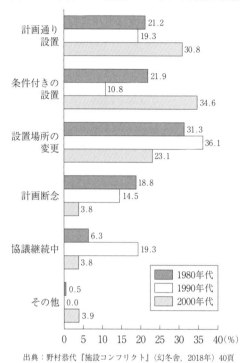

出典：野村恭代『施設コンフリクト』(幻冬舎，2018年) 40頁

「条件つきの設置」など，施設建設を断念するのではなく，何らかの形で設置するという傾向がみられる（図6-3)[23]。なお，受け入れた条件としては，(1)〔a〕調査によれば，「利用者の利用を甚だしく制限するもの」(外出の制限，利用日の制限，窓に遮蔽枠，送迎バスの利用，施設規模の縮小，女子のみを対象，精神障害者を除外等)，「施設設置に対する反対給付として住民の居住環境などに対する利便をはかるもの」(公園用地拡張，道路を新設，汚水中の窒素成分除去，植樹等)，「住民の利便にも一部関わるが，施設を開放して地域の一施設として位置づけようとするもの」(行事共催，交流ホームの開設，会議室を住民が利用等) があった[24]。

(5) 合意形成に必要な要因

　施設コンフリクトに関する研究では，コンフリクトの解消には，地域住民への障害者理解を目的とした啓発活動や障害者との接触体験が必要だと指摘するものが多くみられる[25]。ある研究によれば[26]，施設の地域への積極的な働きかけによって施設と地域住民が良好な関係を築いている事例をみると，現在施設に協力的な地域住民でも，精神障害者に接する以前は，「精神病患者は怖いものだと思っていた」，「以前は精神障害者というと気ちがいとかいって特別扱いをしていたように思える」，「怖いイメージをもっていた」。それが，施設との関係が徐々に深まっていくに従って，精神障害者の1人ひとりの違い（個性）に気

づき，多くの人の人柄を率直，まじめであると理解しはじめ，「精神障害者は
人間がまじめすぎる。適当に嘘をつける人は病気にならない」と思うようにな
る。良好な関係を生み出している施設の近隣住民は，利用者（精神障害者）を
見慣れることによって，精神障害者を特別視しなくなる。「長い間見慣れてい
るので恐怖感はない。精神障害者だからどうということもない」といった発言
がみられる。良好な関係の地域住民の抱いている障害者観の特徴のひとつは，
障害者集団というより個別的なひとりの人として捉える意識がみられることで
ある。もうひとつの特徴は，障害者の行動を特別視しない意識である。このよ
うな共感的な障害者観は，施設や障害者自身との関わりによって，地域住民の
意識のなかで徐々に学習されながら形成されてきた。

　施設と地域住民とが良好な関係を築いていく条件として，次のようなものを
あげる研究がある。①施設運営者が地域住民との関係を重視して地域住民への
働きかけの戦略をもっている，②施設の積極的な地域活動によって，施設の論
理と地域住民の感情をつなぐパイプ役（民生委員，商工会，農協など）が育って
いる，③ボランティアの受け入れや地域住民とのギブとテイクの関係が生じ，
地域住民の施設への理解を得やすい，④施設長や病院長などの施設管理者の個
性（温厚，柔和，地域住民に対しての物腰の柔らかさなど）も重要な役割を果たし
ている。

（6）合意形成プロセスの変化

　この30年間で施設コンフリクト解決のための合意形成プロセスに変化がみら
れるという研究がある。1980年代では，「代替施設の建設などを住民が要求す
る」，「施設側に建設条件の譲歩を求める」などがみられた。1990年代になる
と，「施設側の地域住民への誠実かつ熱心な働きかけ」や「地域住民が施設の
活動を実際に見る機会を設けること」などの取り組みがみられる。2000年以降
の施設側の対応は，①仲介者による介入，②仲介者による対応およびその他の
複数の対応，③理事長・施設長等による説明・説明会，④何も対応しない，と
いう4類型に整理できるという。

　かつて中心であった③説明会は，住民から要求されても開催しないことが重

要との意見もある。説明会は反対派住民が参加して集団化し，過激な言葉のやりとりで相互に傷つく，偏見に基づく不安をもつ反対派は論理的説明で安心感をもたないなどの理由が挙げられる。(1)〔c〕(2000年代) の調査で多かったのが，①，②の仲介者を介入させる対応だった。コンフリクト事例26件のうち15件でこのような対応がなされた。仲介者が介入した15件のうち10件で開設に至っており，そのうち8施設は現在でも地域住民との関係は良好だという。仲介者としては，約半数の施設で行政が役割を果たしている。

　2000年以前は，施設側が住民の障害者観を変える取り組みが中心であったのに対し，2000年以降，仲介者の援助を受けながら，施設建設後の両者の関係性を構築することに重点が置かれるようになったという。施設コンフリクトは避けるべきもの，早期に解決すべきものという側面だけではなく，「コンフリクトにはこれまでの矛盾を指摘し，新しい秩序を創り出すという機能もある」という「生産的コンフリクト」として積極的に捉えるべきではないかとの主張もなされている。

2　施設コンフリクトと法

(1)「地域住民の理解と協力」を得る義務

　施設コンフリクトの問題が法律と関わることはほとんどない。法律上，障害者施設の立ち上げにあたって住民の同意は必要ではない。したがって，倫理的あるいは実際的に地域住民に理解し受け入れてもらったうえで施設を開設することが望ましいとしても，法律的には，同意されなくても開設はできる。

　しかし，前述のように，精神保健福祉法は1993年改正で，「精神障害者の社会復帰の促進及び自立と社会経済活動への参加の促進を図るため，地域に即した創意と工夫を行い，及び地域住民等の理解と協力を得るように努めなければならない」(旧4条) と定め，「地域住民等の理解と協力」を得る努力義務を社会復帰施設の設置者に課した。あくまでも努力義務ではあるものの，施設側は施設建設にあたり，近隣住民の同意を得るために説明会などを実施することが事実上，求められることとなった。努力義務といえども法律に規定されること

の重みを印象づける例である。

　大阪府の検討会議[34]がいうように，「障害者が地域社会のかけがえない一員として，安心して生活を送れるため，住民の理解を促進する取り組みが必要なことは当然」だ。その意味で，法律が努力義務を規定した意義は理解できる。同法はまた，2005年改正で，「精神障害についての正しい知識の普及のための広報活動等を通じて，精神障害者の社会復帰及びその自立と社会経済活動への参加に対する地域住民の関心と理解を深めるように努めなければならない」（46条）と規定し，都道府県・市町村に努力義務を課している。これも重要なことだ。

（2）国庫補助金の要件としての住民同意

　しかし，実際には1990年代，地方自治体は，国の指導に基づいて，国庫補助金を求める際の要件のひとつとして，地元同意等を求めてきた。大阪府の検討会議は，このことが結果として障害者の生活の場の確保を停滞させてきたことを十分認識しなければならない，と自戒の念を述べたうえで，国庫補助金の対象となる社会復帰施設については，住民同意書を施設助成条件としない，住民同意要件自体が結果として法の趣旨にそぐわない障害者の権利を阻害してきたとの認識に立って国に対してはその撤廃を要望していく，と明言した。身体障害者・知的障害者施設については「住民同意書」が施設助成条件とはなっていないことからも，当然のことではあるが，地方自治体が国に対し積極的に誤った政策を是正することを促した意義は大きい。

　結局，2000年に地域住民の同意書の添付は廃止された[35]。だからといって施設コンフリクトがなくなったわけではないのは前述の通りである。住民同意要件が施設コンフリクトの主要な原因であったとはいえないだろうが，法が精神障害者の人権を制約する根拠のひとつとなる，という事態を解消したことは重要である。

3　事例から考える

（1）大阪市で発生した施設コンフリクト[36]

　ここでは，大阪市社会福祉協議会（以下，大阪市社協）の資料より，精神障害者施設の施設コンフリクトの事例を振り返り，コンフリクト解消の道筋を探っていく。

〔a〕精神障害者社会復帰施設A

　2001年4月，精神障害者生活訓練施設，通所授産施設，地域生活支援センターの機能を併せもつ複合施設として開所した。1993年当時，この地域において精神障害者社会復帰施設建設が決定されたが，反対運動が起こり計画が保留となった。1996年に建設場所を移して，精神障害者社会復帰施設の建設計画が地元地域住民に説明されたが，反対運動が再燃し，5,170名の反対署名や300本もの電柱への建設反対ビラや看板等の貼付などの激しい反対運動が展開された。反対運動では，近隣にも福祉施設が建設されていることから「なぜこの地域なのか」という精神障害者社会復帰施設の集中化に対する抗議と，施設の建設は地域住民にとって重大な影響を及ぼすといった行政に対する不信感が募ることとなった。

　これらの反対運動には，反対ビラの法律に基づく撤去等を行う一方，啓発用の懸垂幕の設置やポスターの作成，また，精神福祉相談員や地元関係家族等による戸別訪問活動を実施し，建設への理解を求めるための取り組みを行政主体で展開した。

　その後，これらの取り組みは，行政および設置・運営母体による地元対応へと転換され，地元役員等の各種代表者および市・設置母体で構成される「地域連絡協議会」が設置され，具体的な意見交換を行った。そのなかでは，精神障害者に対する様々な人権侵害があったものの，これまでの「建設反対」一色から，外部との境界設置や通所方法といった「建設・運営条件」へ，さらには「建設・運営に伴う要望」へと転換され，徐々に成果が表れてきた。

　このように，行政主体から行政および設置母体を加えた地元対応を行うこと

により，反対運動から生じた課題を地域の課題として受け止めることにより，問題解決の糸口を見出すことができた。今では公園内花壇の花植えを，地元緑化委員団体と協働で組織化を図るなど，施設を地域資源として受け止め，施設への来館や利用者も増加している。

　この事例では，反対運動によって建設場所を変えるなどの対応をしてもコンフリクトが解消せず，行政と設置主体共同で地域住民の理解を求める取り組みをしたところ，次第に理解が増して，今では「相互に援助し合う」関係になりつつあるようだ。

〔b〕知的・精神障害者施設B

　大阪市においては，「大阪市障害者支援プラン」に基づき障害者施設の整備が進められてきたが，1996年度から市有地を活用し，知的障害者の入所施設，知的・精神障害者の通所授産施設，地域生活支援センターを合わせた複合施設の整備を社会福祉法人Bが運営主体として手がけることになり，計画が公になった。

　当初，大阪市では周辺町会や地域団体の役員等に計画案を説明し，理解を求めていたが，地元説明会を開催するうちに「施設の必要性は理解するが，なぜここに建てるのか？」「障害者施設は学校の多い文教地区にそぐわない」というような声や，「施設ができることで地価が下がる」といった根拠に乏しい意見まで出されるような状況であった。

　行政の説明が不十分という地域の声に対して，関係者の説得が続いたが，予定地周辺の地域は旧来の町会組織とそれに属さない新築高層マンションの住民に分かれ，後者を中心として強硬な反対運動が展開されることとなった。

　大阪市では，地域内各所での説明会の開催や障害者への理解を求めるパンフレットの個別配布をはじめ，地域の福祉関係者の協力等を得て様々な啓発活動を行ったが，地域外の勢力の関与もあって反対運動はさらに複雑化した。

　この施設の整備は国庫補助の対象であり，当初から国に補助申請を行っていたが，施設コンフリクトのために着工できず，申請を取り下げる状況が続き，また，反対住民側からは，施設整備計画について毎年度，情報公開請求があった。国との関係からも建設着手を延期できない状態となり，2000年1月，市・

関係者がボーリング調査に着手しようとしたが，反対住民が敷地のフェンスを封鎖し，見張り小屋を設置してにらみ合う事態となった。大阪市は妨害行為の差止めの仮処分を大阪地裁に申請し認められた。予定地の周囲には「住民無視の市政反対！」といったノボリが林立し，行政関係者が近づくとサイレンが鳴らされるというような異様な状況であった。

　施設整備が膠着状態となる中で，当初，運営主体となる予定であった社会福祉法人Bから辞退の申し出があり，代わりに社会福祉法人Cが内容を見直したうえで計画を継承し，整備・運営することとなった。施設整備計画の発表から約10年が経過したが，この間，大阪市では行政をはじめ関係機関を動員して障害者への理解を進める取り組みを行い，地域に居住する学識経験者の協力も得てシンポジウムを開催するなど，総力を挙げて啓発活動に取り組んだ。

　このような取り組みの結果，表立った反対は影を潜めたものの一部住民の根強い反対があるなか，2005年度に施設建設が着手され，2007年9月に竣工式典が行われた。現在，ケアホーム・グループホーム・短期入所事業，相談支援事業，就労支援事業，地域活動支援センター等の運営を行う施設としてオープンし，活動を開始するとともに周辺地域との関係づくりが進められている。

　一部差別的な精神障害者観に基づく強力な反対運動に対して，市が住民に理解を求める様々な取り組みを行ってもなお反対が収まらない状況のなかで，裁判所に差止めの仮処分を求める法的手段を使ったり，根強い反対があるなかで施設建設を行った，非常に困難なコンフリクト事例だ。大阪市社協は，後にみるように，「住民無視の市政反対！」というノボリに象徴される民主制に基づく反対運動に対しても，精神障害者への偏見・差別に基づく施設コンフリクトは重大な人権侵害であると位置づけ，その解消のための長期的・中期的な対策の必要性を訴えている。

（2）事例にみる施設コンフリクト発生の要因

　これらの事例が発生する要因として，大阪市社協は以下の諸点を挙げている。[37]

〔a〕障害者と住民の社会的距離の大きさ

　日本では就学前・義務教育・後期中等教育と一貫して障害者と分けて教育することを基本としてきた。また，障害者福祉施策が家族介護を基本としていたため，家族が介護できなくなったら入所施設で対応するという「施設化政策」をとってきた。つまり，子どもの時も大人になっても障害者は地域にいない状況がつくられてきた。1990年代から在宅福祉施策への転換が図られ，地域に障害者の地域生活を支える施設が建設されるようになると，障害者排除の露骨な考え方が施設建設反対運動として組織されることとなる。

〔b〕精神障害に対する偏見・差別

　精神障害が最近では犯罪の要因としてしばしばクローズアップされてマスコミ報道で取り上げられるため，犯罪＝精神障害と結びつけてしまうこともある。施設建設に反対している住民がその理由にあげるのが「精神障害者は何をするかわからん」「子どもに何かされたら誰が責任を取ってくれるんだ」というものである。施設コンフリクトが起きれば，ますます地域のなかで精神疾患であることを明らかにできずに隠して暮らすことを強いられる。

〔c〕施設コンフリクトは重大な人権侵害という認識がない

　施設コンフリクトは，地域住民と施設を建設しようとしている法人との間の問題，いわゆる民と民の問題だから，行政は介入しないという立場を多くの自治体はとっている。一方，施設建設を認める条件に，施設建設予定地の近隣町会の同意書（住民同意書）をとっている自治体も多いという現実がある。大阪府・大阪市は，これまでの不祥事の反省の上に立ち，自己革新として施設コンフリクト解消に取り組むとした基本方針や基本的考え方を策定した。障害者が地域で暮らし続けることを支援する施設，入所施設や精神病院から地域に帰ってくることを支援する施設の建設に反対することは，重大な人権侵害だという認識が自治体や地域福祉を担う社会福祉従事者，住民に必要である。

（3）施設コンフリクトを解消するために

　大阪市社協は，施設コンフリクト解消のポイントとして以下の諸点を挙げている。[38]

〔a〕障害児が共に学ぶ教育を基本にすえることの大切さ

障害児に対するいじめや差別は後を絶たない。障害児が共に学ぶ教育の条件を整備し，推進することが求められる。

〔b〕地域で障害者との交流を図る取り組み

施設コンフリクトが起きている地域住民のほとんどが，直接精神障害者や家族の話を聞いたこともなく，精神病のことも知らないということが，事例3（1）〔a〕の取り組みのなかで明らかになり，その後この地域では，精神障害当事者の声を聞く場，精神障害者と交流する場として，精神障害者地域生活支援の集いを1997年度から実施している。福祉課題の解決や，誰もが住みよい福祉のまちづくりを目指して，地域住民と各種団体の参画のもと，公私協働により策定された地域福祉アクションプランの推進には，障害者と共に生きるまちづくりを実践できる計画と実行が大切である。

〔c〕教育・啓発の重要性

1993年の障害者基本法には「障害を持つ人の社会参加に対する社会連帯に基づいた国民の協力責務」というものが明記されている。国民は，障害をもつ人の社会参加やリハビリテーションの取り組みに対して協力しなければならないことを学校教育や社会教育で徹底すべきである。また，精神疾患や精神障害に対する正しい知識を学校教育や社会教育で実践することが大切である。精神科治療を受けることは精神障害当事者の権利だという認識をもつことが大切である。「優生思想」は根強く残されている。正しい障害者問題の理解と認識を，教育・啓発活動を通じて共有していくことが求められる。

〔d〕障害者地域生活移行と住民の意識変革は平行して進められるべき

「精神保健医療福祉の改革ビジョン」（2004年9月）にも，精神障害者・当事者家族も含めた国民各層が，精神疾患や精神障害について正しい理解を深めるよう，意識の変革と社会的入院の解消を平行して取り組むとある。精神障害者に対する忌避や排除といった差別は，家族，親せき，近隣の人々とのつながりを断ち切るものである。差別で断ち切られた人と人のつながりを，いかに再構築するかが問われている。

大阪市社協の施設コンフリクト解消への取り組みは，「理解を得る」方式で

あるが，個々のコンフリクト事例への対応というよりも，施設コンフリクト問題の根底にある人々の精神障害者観という人権に関わる側面を重視したもので，社会福祉協議会ならではの重要な提言である。

4　解決に向けて——社会のレジリエンスとしての人権

（1）人々の「精神障害者」観と施設コンフリクト

　様々な側面から施設コンフリクト問題を考究している研究者が，これまで当然とされてきた「住民に精神障害者への理解を得る取り組み」がコンフリクト解消の十分条件であるか疑問を提示し，「理解重視アプローチ」には限界があると主張している。[39]この主張の背景に，住民は知識としては精神障害者への理解をしている，その理解の状況はこの30年間さほど変化がない，という判断と，理性では理解できても感情では納得できない問題がある，という認識があった。

　確かに，第1章1でみたように，精神障害者に対する否定的なイメージが人々の中で圧倒的であるのは確かだが，「こわい」が多数派であるわけではない。誰でも罹りうる疾患であることを知っている人もある程度いる。それにもかかわらず，精神障害者施設が施設コンフリクトに巻き込まれることは少なくない。

　これらを踏まえると，「理解」のみでは不十分であり，合意形成には「信頼」も重要な要素であるから，「リスクコミュニケーション手法」を用いた信頼の醸成による合意形成システムをこの研究者が提唱している[40]ことは，施設コンフリクト解消のために重要であると思われる。そして，起こってしまった施設コンフリクトを前向きに今後に生かすための方策・技術は追求していかなければならず，コンフリクトを避けるべきものとみなすよりも，状況を改善させるよい機会と捉えるべきという方向性は，確かに魅力的だ。[41]

　しかし，同じ施設コンフリクトでも，ごみ処理場や火葬場と精神障害者施設とはやはり異なる。また，施設コンフリクトは起きて当たり前という面がある[42]ことは理解できるが，精神障害者施設の場合に発生確率が高いのは，やはり差

別・偏見の要素が強いからではないのか。「精神障害者についてはよく知っていて，理解もしているけれど，施設の建設には反対だ[43]」という場合，感情に簡単に負けてしまう理解の仕方に問題はないのだろうか。

　何よりも，本書の至るところでみられる，精神障害者に対する差別・偏見が法の内容に影響を与え，障害者を幾重にも苦しめてきた歴史と現状を思うと，そのような差別・偏見の意識さえなければ施設コンフリクトの発生はなかっただろうにとの思いや，そして，施設利用に社会参加の希望を託している障害者が何年も利用を待たされ，「どのような条件をつけられてもいいから，早く開設してほしい」と施設側に訴える心情を，私は軽視できない。やはり，人々の精神障害者観が改善され，障害者がより自由に・より自分らしく・不必要な諦めなく生きられるような社会になることを望んでいる。

　そのためには，コンフリクトが起こった施設と地域住民との信頼醸成という解決法とは別に，コンフリクトが起こりにくい地域をつくるという方向性が必要だろう。この点で，大阪市社協の取り組み（本章3）は有益な示唆を与える。教育制度のあり方についてまで視野に含める長期的な展望をもちつつ，取りあえずできることから一歩を踏み出すという，地域に根差す福祉団体の特徴を生かした取り組みである。また，大阪府の検討会議の報告書（本章2）が，施設建設に対する国庫補助金の住民同意要件自体が結果として障害者の権利を阻害してきたとの認識に立って国に対してその撤廃を要望したことも，一定の示唆を与える。施設コンフリクトが法的な方法のみで解決・予防できるものではないのは確かだが，法制度や人権理念が果たす一定の役割があるように思う。大阪府の対策は，自身のこれまでの行動のなかに障害者の権利侵害の原因のひとつがあったことを直視し，その構造を変えるためにできることをするという態度であったように思われる。

（2）社会のレジリエンス（復元力）としての人権

　私は，人権が社会に存在する様々な問題を解決するためにある程度の役割を果たすことができるのではないかと考えている。もちろん，限界はある。憲法が保障するのは，「幸福追求に対する……権利」（憲法13条），つまり国家は人々

が幸福を追求するための諸条件の整備をするにとどまり、「幸福」を実際につかむことを保障するものではない。また、何よりも憲法（憲法上の人権）の機能が公権力の行使を制約するものであることからすれば、施設コンフリクトのように私人と私人の利益が対立する紛争に憲法が直接に適用されるものではない。さらに、本書でみてきたように、公権力が関わる場面であっても、精神障害者のように不利な立場にある人々は、人権の享有を切実に求めてもそれが果たされてこなかったという厳然たる事実がある。「憲法の保護を受けることができるのは、自ら声をあげて保護を要求する積極的な人（グループ）か、または社会の関心を引き受けることのできた人（グループ）である[44]」。かつて精神障害者は自ら声をあげることが少なかったため、社会が注意を向けたときにのみ憲法の光を浴びることができたに過ぎない。そもそも人権自体が多数派の人間が作ったという当たり前の事実もある。だからこそ、マイノリティがそれを享受するには多大な困難が伴うのである。

　少数派の人権から連想する事件がある。19世紀の終わり、フランスを揺るがせたドレフュス事件のさなか、ドイツのスパイとして終身禁錮に処されたユダヤ人の軍人の苦境を見過ごすことができなかった作家エミール・ゾラはただ1人、新聞に一文を載せ、「身に覚えのない濡れ衣を着せられ、恐るべき責め苦を受けている1人の純真な人間がいることを考えれば、夜も眠られない！」と弾劾した。この一声がフランス人の「人権の感覚」を次第に愛国的な眠りから覚ませ、無罪の判決を導いたのだ。戦後憲法学を築いた学者は、この事件を紹介して、「自分や、自分の家族が、人権じゅうりん的取扱いを受けて憤激することではない。自分となんのかかわりのない赤の他人が、そういう取り扱いを受けたことについて、本能的に、いわば肉体的に、憤激をおぼえること」こそが「人権の感覚」だという[45]。

　この「人権の感覚」こそが、差別・偏見を要因とする施設コンフリクトの発生を予防し、発生したときに拡大を抑止する力となるように思われる。ひとつの場面を思い起こす。心神喪失者等医療観察法（第5章4参照）制定後、指定入院医療機関になる予定の病院が住民対象に開催した説明会に参加したことがある。後方の席に座っていた私の周囲では、病院長や厚生労働省職員の説明に

対して，「どうして学校やスーパーマーケットのあるこの地域にそんなこわい
病棟を作るのか」「無人島に作ればいいのに」といった不満の声がささやかれ
ていた。しかし，挙手をして発言する人はほぼ反対一色だったが，「病気だか
ら気の毒だが」，「むやみにこわがっているわけではないが」といった言葉から
始まることがほとんどだったのが印象的だった。差別的な感情をもつ人も，公
的な発言をする際にはある程度発言をセーブする。これも「人権の感覚」が作
用した例といえよう。残念ながら，障害者施設や地方自治体等がいかに人権に
ついて啓発活動をしても，差別・偏見の強い人はそのような会に参加しないだ
ろう。すべての人から差別・偏見をなくすことはできない。しかし，多くの住
民がある程度「人権の感覚」をもっていると反対者が意識していれば，その人
たちの前で露骨な差別的発言はできない。そのような人権感覚は，憲法や人権
についての理論的学習からというよりも，障害者集団というより個別的なひと
りの人として捉え，障害者の行動を特別視しないという共感的な障害者観（本
章1（5））から生まれる。

　人権が社会の問題解決に果たすこのような役割は，「レジリエンス（復元
力）」の性質をもつかもしれない。東日本大震災後頻繁に使われるようになっ
たレジリエンス（resilience）は，元々物理学や生態学の用語であり，最近では
心理学や安全工学の分野でもよく使われるようになった。レジリエンスは「復
元力」「回復力」「弾力性」などと訳されている。定義は様々であり各分野で一
致していないようだが，ここでは，「システム，企業，個人が極度の状況変化
に直面したとき，基本的な目的と健全性を維持する能力」[46] との定義を一応挙げ
ておく。地域社会が施設コンフリクトという「極度の状況変化」に直面した場
合，地域の多数派であっても，有力者であっても，その社会の「基本的な目的
と健全性」の基盤である人権を傷つけてはならない。地域のある程度の人々が
「人権の感覚」をもつとき「目的と健全性」は復元され，問題状況は改善の方
向に向かうだろう。

（3）民主制と人権

　私たちは民主制の社会に生きている。それが健全に維持されていれば，差

別・偏見が引き起こす問題事例は解決されることが期待される。だが，民主制のシステムによりマイノリティである障害者等を差別することが決定されたときは，どうすればいいのだろうか。この点について興味深いアメリカの判例がある。

　テキサス州クレバーン市は，知的障害者のグループホームの開設を不許可とした。市が許可を与えなかった理由のひとつに近隣住民の否定的な態度と恐怖が挙げられていた。つまり，市は住民の意向を重視するという民主的な決定をしたわけだ。この市の行為が平等保護条項に違反するか否かを問われた連邦最高裁判所は，知的障害を理由とする不均等取扱いについて，人種差別・性差別の場合のような厳格な審査基準を必要とせず，最も緩やかな合理性基準で十分であるとしたうえで，次のように判示した。[47]

　「土地利用規制手続において適正に認識しうる要素によって根拠づけられない，単なる否定的態度や恐怖は，知的障害者のグループホームをアパートや集合住宅などと別異に取り扱う理由として許されるものではない。レファレンダムによるか別の方法によるかはともかく，全体としての選挙民は，市が平等保護条項に違反する行動をとるよう命ずることはできないし……，市は有権者のどの集団の希望や異議を尊重することによって同条項による拘束を避けてはならないのである。『私的な偏見は法の及ぶ範囲外であろうが，法は直接または間接に，それに効力を与えてはならない。』（Palmore v. Sidoti, 466 U.S. 429, 433 (1984)）」。

　施設コンフリクトが法的に解決されることはほとんどない，と繰り返し述べてきた。コンフリクト後も地域と共存していかなければならない施設としては，訴訟のような方法をとることに躊躇するのは当然のことだろう。しかし，条例制定という「私的な偏見に効力を与える」ことを地方自治体が行ったとしたら，憲法はそれを許容しない。前述の国庫補助金の住民同意要件が直ちに平等原則違反になるとはいえないが，社会は「住民の希望であってもだめなものはだめ」という姿勢をもつことが重要である。

1）　古川孝順・三本松政之・庄司洋子編『社会福祉施設——地域社会コンフリクト』（誠信

書房，1993年）3頁。

2)　野村恭代『施設コンフリクト――対立から合意形成のマネジメント』（幻冬舎ルネッサンス文庫，2018年）36頁。

3)　野村・前掲書（注2）36-43頁；野村恭代「精神障害者施設における施設コンフリクトの実態」社会福祉学53巻3号（2012年）70頁以下。

4)　大島巌・上田洋也「精神障害者施設と地域住民間で生じたコンフリクト（地域紛争）の発生状況とその要因―都道府県レベルで把握された地域　問題事例の全国調査」大島巌編『新しいコミュニティづくりと精神障害者施設「施設摩擦」への挑戦』（星和書店，1992年）122頁以下。都道府県主管課，精神保健センター，社会福祉協議会，精神障害者家族会など，全国254機関・団体を対象とし，204団体から回答を得た（回収率80.3％）。

5)　野村・前掲論文（注3）71頁。

6)　毎日新聞1999年2月20日付。

7)　野村・前掲論文（注3）72-76頁。調査対象は，全国精神障害者地域生活支援協議会に加入している全施設・事業所（作業所も含めた全精神障害者施設の約半数程度が加盟）。全国445施設・事業所を対象とし，有効回答247（有効回収率55.5％）。

8)　野村・前掲論文（注3）76-77頁。

9)　野村・前掲論文（注3）77頁。

10)　野村・前掲書（注2）38頁。

11)　野村・前掲書（注2）38頁。

12)　野村・前掲論文（注3）72頁。

13)　大島・上田・前掲論文（注4）130頁。

14)　野村・前掲書（注2）40頁；野村・前掲論文（注3）77頁。

15)　野村恭代「施設コンフリクト研究の課題」関西福祉科学大学紀要16号（2012年）65-66頁。

16)　野村・前掲論文（注15）66頁。

17)　野村・前掲論文（注15）65-66頁。

18)　野村・前掲論文（注3）72頁。

19)　大島・上田・前掲論文（注4）127頁。

20)　大島・上田・前掲論文（注4）127頁。

21)　大島・上田・前掲論文（注4）127頁。

22)　野村・前掲論文（注3）71頁。

23)　野村・前掲書（注2）40頁。

24)　大島・上田・前掲論文（注4）127，130頁。

25)　野村・前掲論文（注15）66-67頁。

26)　小澤温「施設コンフリクトと人権啓発――障害者施設に関わるコンフリクトの全国的な動きを中心に」部落解放研究138号（2001年）8-9頁。

27)　小澤・前掲論文（注26）8頁。

28)　野村・前掲書（注2）43-47頁。

29）　野村・前掲書（注2）60頁。

30）　野村・前掲書（注2）44-45頁。

31）　野村・前掲書（注2）47頁。

32）　野村・前掲論文（注15）69頁。

33）　なお，2005年改正で社会復帰施設は障害者自立支援法（当時）に基づく新たなサービス体系に位置づけられることとなり，精神保健福祉法からは削除された。精神保健福祉研究会監修『四訂　精神保健福祉法詳解』（中央法規，2016年）64-65頁。

34）　大阪府福祉施設等設置に係る人権摩擦（施設コンフリクト）検討会議「施設コンフリクトの解消と人権が尊重されたまちづくりに向けた大阪府の基本的考え方について（報告書）」（1999年 3 月）。〈http://www.pref.osaka.lg.jp/jinken/measure/shisetukonfuri001.html〉

35）　野村・前掲論文（注3）77頁。

36）　大阪市社会福祉協議会「福祉と人権」研究委員会レポート〔Vol. 2〕「施設コンフリクトの解消に向けて―人権の視点からの期待と提案―」（2008年11月）3-7頁。〈https://www.osaka-sishakyo.jp/pdf/jinken_report_vol2.pdf〉

37）　大阪市社会福祉協議会・前掲レポート（注36）7-8頁。

38）　大阪市社会福祉協議会・前掲レポート（注36）8-10頁。

39）　野村・前掲書（注2）79-80頁。

40）　野村・前掲書（注2）176頁

41）　野村・前掲書（注2）5 頁。

42）　野村・前掲書（注2）146頁。

43）　野村・前掲書（注2）78-79頁。

44）　横藤田誠「アメリカにおける精神病者と憲法――精神病院法の歴史的展開（三・完）」広島法学14巻 1 号（1990年）99-100頁。

45）　宮沢俊義「人権の感覚」同『平和と人権』（東京大学出版会，1969年）65頁。

46）　アンドリュー・ゾッリ／アン・マリー・ヒーリー（須川綾子訳）『レジリエンス　復活力――あらゆるシステムの破綻と回復を分けるものは何か』（ダイヤモンド社，2013年）10頁。

47）　City of Cleburne, Tex. v. Cleburne Living Ctr., Inc., 473 U.S. 432, 448 (1985).

■著者紹介

横藤田　誠（よこふじた・まこと）

1956年　広島県福山市生まれ
1979年　広島大学政経学部卒業
1989年　広島大学大学院社会科学研究科博士課程単位取得
現　在　広島大学大学院社会科学研究科教授

主　著
『法廷のなかの精神疾患──アメリカの経験』（日本評論社，2002年）
『人権入門──憲法／人権／マイノリティ』（共著，法律文化社，第1版2008年，第2版2011年，第3版2017年）
『謎解き　日本国憲法』（共著，有信堂高文社，第1版2010年，第2版2016年）
『裁判所は「権利の砦」たりうるか』（編著，成文堂，2011年）

Horitsu Bunka Sha

精神障害と人権
──社会のレジリエンスが試される

2020年1月20日　初版第1刷発行

著　者　横藤田　誠
発行者　田靡純子
発行所　株式会社　法律文化社

〒603-8053
京都市北区上賀茂岩ヶ垣内町71
電話　075(791)7131　FAX 075(721)8400
https://www.hou-bun.com/

印刷：㈱冨山房インターナショナル／製本：㈱藤沢製本
装幀：奥野　章
ISBN978-4-589-04050-3

© 2020　Makoto Yokofujita Printed in Japan

乱丁など不良本がありましたら，ご連絡下さい。送料小社負担にてお取り替えいたします。
本書についてのご意見・ご感想は，小社ウェブサイト，トップページの「読者カード」にてお聞かせ下さい。

JCOPY　〈出版者著作権管理機構　委託出版物〉
本書の無断複写は著作権法上での例外を除き禁じられています。複写される場合は，そのつど事前に，出版者著作権管理機構（電話03-5244-5088，FAX 03-5244-5089, e-mail: info@jcopy.or.jp）の許諾を得て下さい。

横藤田誠・中坂恵美子著

人 権 入 門 〔第3版〕
―憲法／人権／マイノリティ―

A5判・246頁・2100円

人種・性別・年齢等を問わず，すべての人に人権は保障されているのか。現代社会のリアルな実態と人権の接点を探り，人権について考えるための入門書。第2版刊行（2011年）以降の動向を踏まえ，いま学ぶべき内容を厳選し補訂。

障害者差別解消法解説編集委員会編著

概説 障害者差別解消法

A5判・170頁・2000円

障害者の自立と社会参加への道を拓くため，2013年に成立した「障害を理由とする差別の解消の推進に関する法律」（2016年4月施行）の制定経緯や概要を詳解。法案に関わった関係者の思いを伝える。丁寧な逐条解説も所収。

松井亮輔・川島 聡編

概説 障害者権利条約

A5判・388頁・3800円

国際人権法に基づく人権条約である障害者権利条約の趣旨・目的を概観し，重要論点を包括的・多角的にとりあげ詳解する。日本社会の現状を照射するなかで，克服すべき課題と展望を提示。条約を広く深く理解するための基本書。

青木聖久著

精神障害者の生活支援
―障害年金に着眼した協働的支援―

A5判・266頁・2300円

障害年金に着眼し，社会資源の活用による精神障害者への協働的支援のあり方を考察。PSWとしての長年の経験を活かし，精神障害者が地域社会でよりよく暮らすための生活支援システムの構築を提起する。

藤井 渉著

障 害 と は 何 か
―戦力ならざる者の戦争と福祉―

A5判・212頁・4500円

障害の捉え方に対して，戦争はどのような影響を及ぼしてきたのか。国策によって形づくられてきた障害像に迫り，戦争の記憶をとおして，障害の捉え方を歴史的に検証する。今後の障害者福祉政策を考えるうえでの礎ともなる書。

━━━━法律文化社━━━━
表示価格は本体（税別）価格です